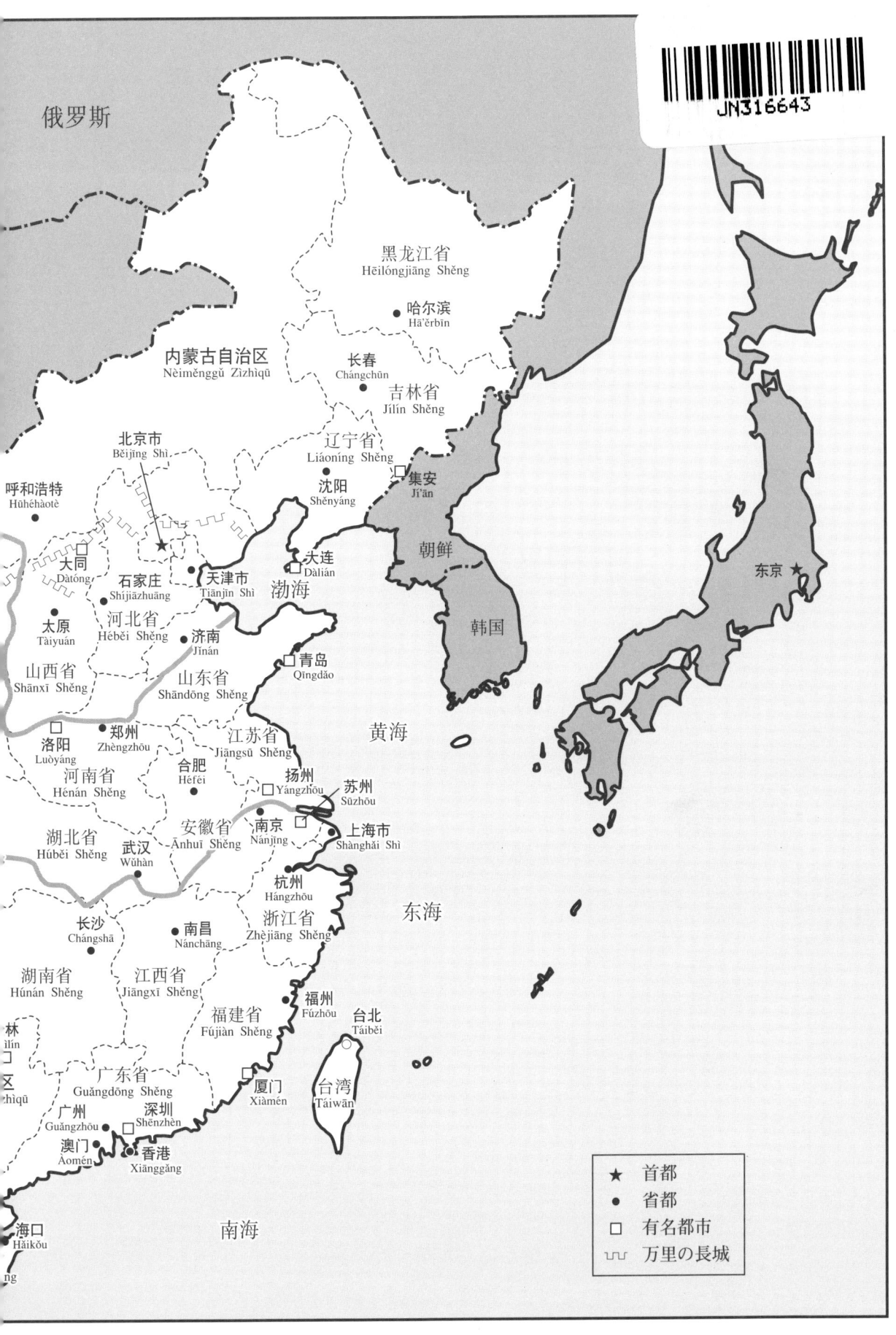

中国語基本文法と会話

石井　宏明　著

駿河台出版社

表紙デザイン：小熊　未央

まえがき

本書は中国語検定試験の準4級から4級で出題される文法を中心に学習できるように構成されています。

第1課と第2課で発音とピンインを学びます。第3課以降の各課は「文法の解説」、「書いてみよう」、「会話」、「まとめの練習」の各パートから構成されています。「文法の解説」を読めば、その後に続く「書いてみよう」は必要な単語とその日本語訳も載せてありますので、学生が一人でも取り組むことができます。先生方の授業の方式によって、授業中に演習問題として使うことも、予習用あるいは復習用としても使うこともできると思います。使い道は色々あるとは思いますが、この「書いてみよう」は学生が一人で取り組むようにご指導いただけますようお願いします。そして、学生が一人で取り組む以上、必ず間違いが起こります。間違ったら学生に必ずその原因を確認させてください。このような練習を通じて、文の構造をしっかり確認した後に、「書いてみよう」で実際に書いた中国語を何度も音読すれば暗記もしやすいと思います。

「会話」は各課に四つ載せました。学生が何度も音読し発音練習をしたり、暗記をしたりするのに負担にならないよう、「会話」は長くならないように心がけました。中国語の初心者である学生が中国語を話そうとしたとき、最初から長い会話をすることはあまりないと思います。まず差し当たっては本書の「会話」のように、短い文をしっかり言い、1、2回の言葉のやり取りをすることを目標にしてもいいかと思います。CD には「会話」をゆっくり読んだものと自然なスピードで読んだものが録音されています。学生のレベルに合わせてリスニング練習や音読練習にお使いください。

各課の最後に「まとめの練習」があります。各課で学んだ文法事項や表現を復習するための簡単な練習問題です。確認問題としてお使いください。

本書中の中国語は馬延冬が校閲しました。なお本書は文法用語を厳密に使用することより、解説の分かりやすさを優先致しました。

最後に本書の出版で駿河台出版社の猪腰くるみさんには大変お世話になりました。ありがとうございました。録音では陳浩先生、梁月軍先生、榕榕さんに大変お世話になりました。ありがとうございました。深く感謝致します。

著　者

目 次

第1課　発音 (1) ……………………………………………… 8
❖この課で学ぶこと
- ピンイン　●声調　●単母音　●複母音　●鼻母音　●子音

第2課　発音 (2) ……………………………………………… 14
❖この課で学ぶこと
- 半三声　●三声の変調　●軽声　●ル化　●"一"と"不"の変調
- 声調の組み合わせ練習　●チャレンジ

第3課　彼女はビールを飲みます。 ………………………… 20
❖この課で学ぶこと
- 人称代名詞　●《主語＋動詞》　●《主語＋動詞＋目的語》　●疑問詞
- 数　●量詞　●《主語＋"有"＋目的語》　●《主語＋"在"＋場所》
- 这儿・这里、那儿・那里、哪儿・哪里　●《主語＋時＋動詞＋目的語》
- 時間詞

第4課　彼女はきれいです。 ………………………………… 26
❖この課で学ぶこと
- 《主語＋"很"＋形容詞。》　●《"多"＋形容詞？》　●疑問詞
- 《動詞＋("一")＋動詞》／《動詞＋"一下"》

第5課　彼は学生です。 ……… 32
❖この課で学ぶこと

- 《主語＋"是"＋目的語。》 ●"也"と"都" ●的 ●《"这"＋"是"＋目的語》
- "这・那・哪"＋量詞 ●年齢 ●時間詞

第6課　私はビールを五本飲みました。 ……… 38
❖この課で学ぶこと

- 《主語＋動詞＋"了"。》 ●《主語＋動詞＋("了")＋目的語＋"了"。》
- 《主語＋動詞＋"了"＋量を表す語＋目的語。》
- 《主語＋動詞＋"了"＋時間量＋目的語。》
- 《主語＋動詞＋"了"＋量を表す語＋目的語＋"了"。》
- 《主語＋動詞＋"了"＋時間量＋目的語＋"了"。》 ●変化の"了"

第7課　彼はちょうどテレビを見ています。 ……… 44
❖この課で学ぶこと

- 《主語＋"正在"＋動詞＋目的語＋"呢"。》
- 《主語＋動詞＋"过"＋動作量＋目的語。》
- 《主語＋動詞＋"着"。》 ●《動詞①＋"着"＋動詞②＋目的語。》

第8課　私は中華料理を食べたいです。 ……… 50
❖この課で学ぶこと

- 助動詞　"想"・"打算"・"应该"・"得"・"要"

第9課　彼女はバイオリンを弾けます。 ……… 56
❖この課で学ぶこと

- 助動詞　"会"・"能"・"可以"

第10課　私は動物園に行ってパンダを見ます。 …… 62
❖この課で学ぶこと
- 《 主語 ＋ 動詞① ＋ 目的語① ＋ 動詞② ＋ 目的語② 。》
  《 主語 ＋ 動詞① ＋ 動詞② ＋ 目的語 。》
- 《 主語 ＋ "有" ＋ 目的語① ＋ 動詞 ＋ 目的語② 。》
- 《 主語 ＋ "让／叫" ＋ 動詞の実行者 ＋ 動詞 ＋ 目的語 。》　●様態補語

第11課　本を買って帰ってきます。 …… 68
❖この課で学ぶこと
- ●方向補語　●結果補語　●可能補語

第12課　私はあなたにお金を返します。 …… 74
❖この課で学ぶこと
- 《 主語 ＋ 動詞 ＋ 目的語① ＋ 目的語② 。》　●比較　●介詞 "和"・"跟"・"给"

第13課　私は図書館で本を読みます。 …… 80
❖この課で学ぶこと
- ●介詞 "在"、"对"、"离"、"从"、"到"　●存現文

第14課　テレビをつけて。 …… 86
❖この課で学ぶこと
- ●"把"字句　●受身　《 主語 ＋ "是" ＋ 場所・人・時・方法など ＋ 動詞 ＋ "的" 。》

中国語基本文法と会話

発音（1）

❖この課で学ぶこと

● ピンイン　● 声調　● 単母音　● 複母音　● 鼻母音　● 子音

❶ ピンイン

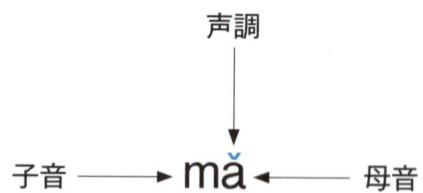

❷ 声調

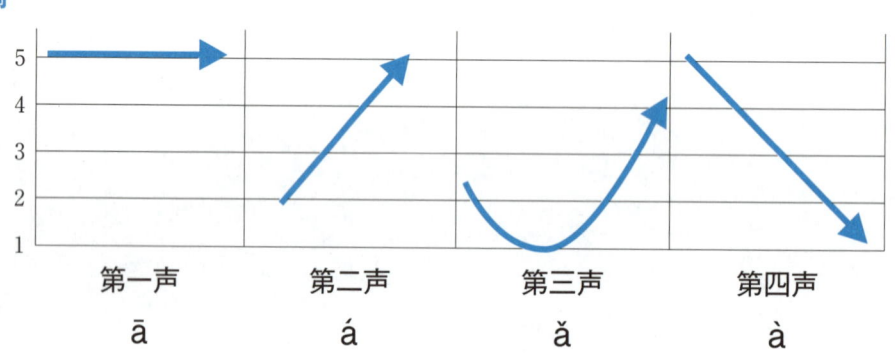

❸ 単母音

a　o　e　er　i　u　ü

ピンインのつづりかた

i の前に子音がない場合 ⇒ yi
u の前に子音がない場合 ⇒ wu
ü の前に子音がない場合 ⇒ yu

第1課

練習

ā　　á　　ǎ　　à　　　　ō　　ó　　ǒ　　ò

ē　　é　　ě　　è　　　　(ēr)　ér　ěr　èr

yī　　yí　　yǐ　　yì　　　　wū　　wú　　wǔ　　wù

yū　　yú　　yǔ　　yù

ō	wū	yī	wū
ē	ō	yū	yū

❹ 複母音（1）

ai　ei　ao　ou

練習

āi　　ái　　ǎi　　ài　　　　ēi　　éi　　ěi　　èi

āo　　áo　　ǎo　　ào　　　　ōu　　óu　　ǒu　　òu

❺ 複母音（2）

ia　ie　iao　iou

ピンインのつづりかた

ia　　の前に子音がない場合　⇒　ya
ie　　の前に子音がない場合　⇒　ye
iao　の前に子音がない場合　⇒　yao
iou　の前に子音がない場合　⇒　you
iou　の前に子音がある場合　⇒　ーiu

9

練習

yā　yá　yǎ　yà　　　yē　yé　yě　yè
yāo　yáo　yǎo　yào　　yōu　yóu　yǒu　yòu

❻ 複母音（3）

ua　uo　uai　uei

ピンインのつづりかた

ua の前に子音がない場合 ⇒ wa
uo の前に子音がない場合 ⇒ wo
uai の前に子音がない場合 ⇒ wai
uei の前に子音がない場合 ⇒ wei
uei の前に子音がある場合 ⇒ —ui

練習

wā　wá　wǎ　wà　　　wō　wó　wǒ　wò
wāi　wái　wǎi　wài　　wēi　wéi　wěi　wèi

āi	ēi	ōu	ō	ō
wāi	wēi	wō	ōu	wō

❼ 鼻母音（1）

an　en　in　ün
ang　eng　ing　　ong

ピンインのつづりかた

in の前に子音がない場合 ⇒ yin
ing の前に子音がない場合 ⇒ ying
ün の前に子音がない場合 ⇒ yun

練習

ān	án	ǎn	àn	āng	áng	ǎng	àng
ēn	én	ěn	èn	ēng	éng	ěng	èng
yīn	yín	yǐn	yìn	yīng	yíng	yǐng	yìng
yūn	yún	yǔn	yùn	ōng	óng	ǒng	òng

❽ 鼻母音（2）

```
i—
ian        発音は「イエン」。
iang  iong
```

ピンインのつづりかた

ian　の前に子音がない場合 ⇒ yan
iang　の前に子音がない場合 ⇒ yang
iong　の前に子音がない場合 ⇒ yong

練習

| yān | yán | yǎn | yàn | yāng | yáng | yǎng | yàng |
| yōng | yóng | yǒng | yòng | | | | |

❾ 鼻母音（3）

```
u—
uan   uen
uang  ueng
```

ピンインのつづりかた

uan　の前に子音がない場合 ⇒ wan
uang　の前に子音がない場合 ⇒ wang
ueng　の前に子音がない場合 ⇒ weng
uen　の前に子音がない場合 ⇒ wen
uen　の前に子音がある場合 ⇒ —un

練習

| wān | wán | wǎn | wàn | wāng | wáng | wǎng | wàng |
| wēn | wén | wěn | wèn | wēng | wéng | wěng | wèng |

❿ 鼻母音（4）

> ü—
> üan 　発音は「ユアン」と「ユエン」どちらでもいいです。

ピンインのつづりかた

üan の前に子音がない場合 ⇒ yuan

練習

yuān　yuán　yuǎn　yuàn

ān	ēn	yīn	wēn	wān	yūn	yān
āng	ēng	yīng	wēng	wāng	yōng	yāng

⓫ 子音

無気音	有気音		
b(o)	p(o)	m(o)	f(o)
d(e)	t(e)	n(e)	l(e)
g(e)	k(e)	h(e)	
j(i)	q(i)	x(i)	
z(i)	c(i)	s(i)	
zh(i)	ch(i)	sh(i)	r(i)

※ zi・ci・si の i は、舌先を上の前歯に近づけて発音します。単母音の i と異なる音です。
　zhi・chi・shi・ri の i 音は、舌を巻いたまま発音します。単母音の i と異なる音です。

ピンインのつづりかた

j・q・x の後ろの母音が ü である場合 ü ⇒ u
（例：jü ⇒ ju　qüan ⇒ quan　xün ⇒ xun）

練習

〈無気音と有気音〉

bā	duó	gǎn	jiǎo	zài	zhóu
pā	tuó	kǎn	qiǎo	cài	chóu

〈l と r〉

lán	lǔ	lè	lì
rán	rǔ	rè	rì

〈z・c・s と zh・ch・sh〉

zài	cūn	sǎng	zèng	cáo	suān
zhài	chūn	shǎng	zhèng	cháo	shuān

〈j・q・x と zh・ch・sh〉

jiā	quán	xùn	jiǎo	xiàng
zhā	chuán	shùn	zhǎo	shàng

第2課　発音（2）

❖ この課で学ぶこと

- 半三声　● 三声の変調　● 軽声　● 儿化　● "一"と"不"の変調
- 声調の組み合わせ練習　● チャレンジ

❶ 半三声

実際の会話では、三声は低く抑えられた音に変化します。

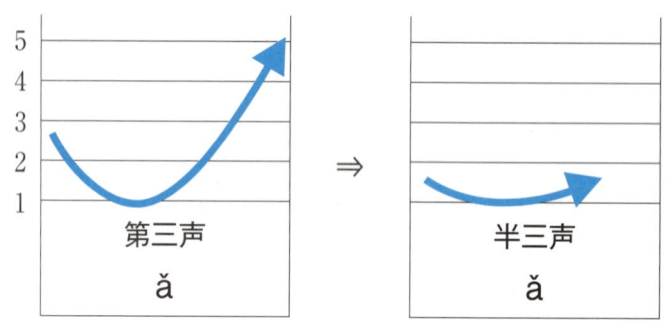

練習（下線部は半三声です。）

R<u>ì</u>běnrén 日本人　　l<u>ǎ</u>oshī 老師　　w<u>ǒ</u>de 我的　　n<u>ǚ</u>péngyǒu 女朋友

❷ 三声の変調

三声が二つ続く場合、前の三声は二声に変調します。
第三声＋第三声（∨＋∨）⇒ 第二声＋第三声（／＋∨）

練習（下線部分は二声に変調します。）

　　　　n<u>ǐ</u>hǎo 你好　　　h<u>ěn</u>měi 很美　　　y<u>ǒu</u>jiǔ 有酒

　　　　x<u>iǎo</u>jiě 小姐　　　sh<u>ǒu</u>zhǐ 手指　　　w<u>ǔ</u>diǎn 五点

❸ 軽声

高い軽声：第三声（半三声）＋軽声

14

低い軽声：第一声・第二声・第四声＋軽声

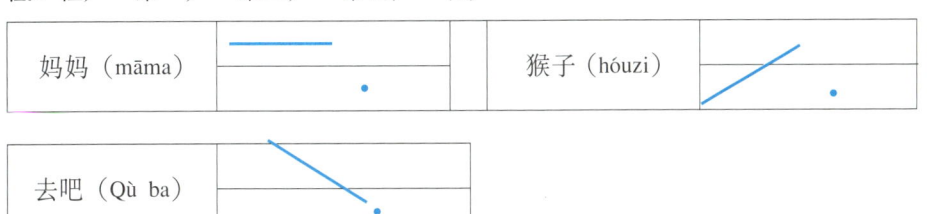

妈妈（māma）		猴子（hóuzi）	

去吧（Qù ba）	

練習

yǐzi（椅子）　　　nǐde（你的）　　　zhuōzi（桌子）　　　yīfu（衣服）

xuésheng（学生）　　　míngbai（明白）　　　shìshi（试试）　　　èle（饿了）

❹ 儿化

・一般的な儿化：

　　huàr 画儿　　xiǎomāor 小猫儿　　gēr 歌儿

・ai ei uai uei ＋ r：音節の最後のiをとります。

　　air　　⇒　　ar　　小孩儿（xiǎoháir）　⇒　（xiǎohar）
　　eir　　⇒　　er　　宝贝儿（bǎobèir）　⇒　（bǎobèr）
　　uair　⇒　　uar　　一块儿（yíkuàir）　⇒　（yíkuàr）
　　ueir　⇒　　uer　　味儿（wèir）　　　⇒　（wèr）

・前鼻母音＋r：音節の最後のnをとります。

　　anr　　⇒　　ar　　盘儿（pánr）　　　⇒　（pár）
　　ünr　　⇒　　ür　　围裙儿（wéiqúnr）　⇒　（wéiqúr）
　　uanr　⇒　　uar　　玩儿（wánr）　　　⇒　（wár）

・後鼻母音＋r：ngを弱く発音します。

　　ingr　　⇒　　ingr　　眼镜儿（yǎnjìngr）　⇒　（yǎnjìngr）
　　ongr　⇒　　ongr　　有空儿（yǒukòngr）　⇒　（yǒukòngr）

練習

xiǎoháir 小孩儿　　　bǐjìběnr 笔记本儿　　　xiāngchángr 香肠儿

hébiānr 河边儿　　　shǒujuànr 手绢儿　　　yàoshuǐr 药水儿

❺ "一" と "不" の変調

・"一" の変調

"一" の元々の声調は第一声の yī です。

第一声、第二声、第三声の前の "一" は第四声に変調します。
 yìtiān 一天 yìnián 一年 yìbǎyǔsǎn 一把雨伞

四声の前の "一" は第二声に変調します。
 yízuòshān 一座山 yíkuàiqián 一块钱

・"不" の変調

"不" の元々の声調は第四声です。

第一声、第二声、第三声の前では、第四声のままです。
 bùtīng 不听 bùlái 不来 bùzǒu 不走

第四声の前で、第二声に変調します。
 búqù 不去 búkàn 不看

◎ 声調の組み合わせ練習

第一声＋第一声	chūntiān（春天）	fēijī（飞机）
第一声＋第二声	jīnnián（今年）	gāngqín（钢琴）
第一声＋第三声	shēntǐ（身体）	jīchǎng（机场）
第一声＋第四声	gōngzuò（工作）	kōngqì（空气）
第一声＋軽声	dōngxi（东西）	gēge（哥哥）

第二声＋第一声	jiéhūn（结婚）	xióngmāo（熊猫）
第二声＋第二声	língqián（零钱）	liúxué（留学）
第二声＋第三声	cídiǎn（词典）	píjiǔ（啤酒）
第二声＋第四声	hánjià（寒假）	xuéxiào（学校）
第二声＋轻声	péngyou（朋友）	bízi（鼻子）
第三声＋第一声	hǎochī（好吃）	lǎoshī（老师）
第三声＋第二声	wǎngqiú（网球）	xiǎoshí（小时）
第三声＋第三声	dǎsǎo（打扫）	huǒtuǐ（火腿）
第三声＋第四声	gǎnmào（感冒）	lǐwù（礼物）
第三声＋轻声	nǎinai（奶奶）	yǎnjing（眼睛）
第四声＋第一声	qìchē（汽车）	miànbāo（面包）
第四声＋第二声	lǜchá（绿茶）	wèntí（问题）
第四声＋第三声	diànyǐng（电影）	Hànyǔ（汉语）
第四声＋第四声	hùzhào（护照）	yùndòng（运动）
第四声＋轻声	piàoliang（漂亮）	rènao（热闹）

◎ **チャレンジ**

早口言葉を読んでみましょう。

四 是 四, 十 是 十, 　　　Sì shì sì, shí shì shí,

十四 是 十四,　　　　　　shísì shì shísì,

四十 是 四十。　　　　　　sìshí shì sìshí.

粉红 墙上 画 凤凰,　　　　Fěnhóng qiángshang huà fènghuáng,

红 墙上 画 粉 凤凰,　　　　hóng qiángshang huà fěn fènghuáng,

粉 墙上 画 红 凤凰。　　　　fěn qiángshang huà hóng fènghuáng.

吃 葡萄 不吐 葡萄 皮儿,　　Chī pútao bútù pútao pír,

不吃 葡萄 倒 吐 葡萄 皮儿。　bùchī pútao dào tù pútaopír.

18

詩を読んでみましょう。

春晓　　　　　　　　　　　　　Chūnxiǎo

　　　（唐）孟浩然　　　　　　　　　（Táng）Mènghàorán

春眠 不觉 晓,　　　　　　　　chūnmián bùjué xiǎo,

处处 闻 啼 鸟。　　　　　　　chùchù wén tí niǎo.

夜来 风雨 声,　　　　　　　　yèlái fēngyǔ shēng,

花 落 知 多少。　　　　　　　huā luò zhī duōshǎo.

静夜思　　　　　　　　　　　　Jìngyèsī

　　　（唐）李白　　　　　　　　　　（Táng）Lǐbái

床 前 明月 光,　　　　　　　　chuángqián míngyuè guāng,

疑 是 地上 霜。　　　　　　　yí shì dìshàng shuāng.

举 头 望 明月,　　　　　　　　jǔ tóu wàng míngyuè,

低 头 思 故乡。　　　　　　　dītóu sī gùxiāng.

彼女はビールを飲みます。

❖この課で学ぶこと

- 人称代名詞 ●《主語＋動詞》 ●《主語＋動詞＋目的語》 ●疑問詞
- 数　●量詞　●《主語＋"有"＋目的語》　●《主語＋"在"＋場所》
- 这儿・这里、那儿・那里、哪儿・哪里　●《主語＋時＋動詞＋目的語》
- 時間詞

❶ 人称代名詞

我	wǒ	私	我们	wǒmen	私たち
你 您	nǐ nín	あなた あなた（敬称）	你们	nǐmen	あなたがた
他 她 它	tā tā tā	彼 彼女 それ（モノ・動物）	他们 她们 它们	tāmen tāmen tāmen	彼ら 彼女ら（女性のみ） それら（モノ・動物）

❷ 彼は来ます。

　　　　　　　　　主語　動詞
　　　　　　　　　他（Tā）来。(lái).

▶否定文

　主語＋"不"＋動詞。　　　他 不来。　Tā bùlái.（彼は来ません。）

▶疑問文

　主語＋動詞＋"不"＋動詞？　他 来不来？　Tā láibulái?（彼は来ますか。）
　主語＋動詞＋"吗"？　　　　他 来 吗？　Tā lái ma?（彼は来ますか。）
　主語＋"不"＋動詞＋"吗"？　他 不来 吗？　Tā bùlái ma?（彼は来ないのですか。）

▶命令

　動詞。　　　　　　　　　来。　Lái.（来て。来い。）
　動詞＋"吧"。　　　　　　来 吧。　Lái ba.（来てよ、おいでよ。）
　请＋動詞＋（"吧"）。　　请 来（吧）。　Qǐng lái ba.（来てください。）

▶禁止

　"别／不要"＋動詞。　　　别 来。　Bié lái.（来るな。来ないで。）

※主語（この場合"你"）を文の先頭に置くことができますが、よく省略されます。

❸ 彼女はビールを飲みます。

主語	動詞	目的語
她（Tā）	喝（hē）	啤酒。(píjiǔ.)

▶疑問詞を使った疑問文

你 喝 什么？ Nǐ hē shénme?（あなたは何を飲みますか。）

📝 書いてみよう（1）

✓ 単語

- □ 坐　zuò　坐る
- □ 写　xiě　書く
- □ 去　qù　行く
- □ 看　kàn　見る、読む
- □ 信　xìn　手紙
- □ 医院　yīyuàn　病院
- □ 书　shū　本
- □ 学习　xuéxí　勉強する

1. 座ってください。　　　　　　　（　　　　　　　　　　　　　　　　　　）

2. 私は本を読みます。　　　　　　（　　　　　　　　　　　　　　　　　　）

3. 彼は手紙を書きません。　　　　（　　　　　　　　　　　　　　　　　　）

4. あなたは何を勉強していますか。（　　　　　　　　　　　　　　　　　　）

5. 私は病院に行きます。　　　　　（　　　　　　　　　　　　　　　　　　）

❹ 数

零 líng　一 yī　二 èr　三 sān　四 sì　五 wǔ　六 liù　七 qī　八 bā　九 jiǔ
十 shí　十一 shí yī　二十五 èr shi wǔ　九十九 jiǔ shi jiǔ　一百 yì bǎi　一千 yì qiān
一万 yí wàn

「203」二百零三 èr bǎi líng sān　「230」二百三 èr bǎi sān／二百三十 èr bǎi sān shí
「310」三百一十 sān bǎi yī shí　「4005」四千零五 sì qiān líng wǔ

※二百 èr bǎi、二千 èr qiān、二万 èr wànは、两百 liǎng bǎi、两千 liǎng qiān、两万 liǎng wànとも言います。

❺ 量詞

● 数量を表す場合は、"一 yī"、"二 èr"、"三 sān"ではなく、"一个 yí ge"、"两个 liǎng ge"、"三个 sān ge"となります。

● 量詞の例

个：三 个 人 sān ge rén（三人）　　两 个 橘子 liǎng ge júzi（二つのみかん）

本：三 本 书 sān běn shū（三冊の本）
杯：一 杯 茶 yì bēi chá（一杯のお茶）
张：一 张 桌子 yì zhāng zhuōzi（一つの机）　　　四 张 纸 sì zhāng zhǐ（四枚の紙）
支（枝）：三 支 笔 sān zhī bǐ（三本のペン）

❻ 私は一冊の本を持っています。

主語	"有"	目的語
我（Wǒ）	有（yǒu）	一本 书。(yìběn shū.)

▶否定
　主語 ＋ "没(有)" ＋ 目的語 。　我 没有 书。　Wǒ méiyǒu shū.（私は本を持っていません。）

▶疑問文
　主語 ＋ "有没有" ＋ 目的語 ？　你 有没有 书？　Nǐ yǒuméiyǒu shū?
　（あなたは本を持っていますか。）

　主語 ＋ "有" ＋ 目的語 ＋吗？　你 有 书 吗？　Nǐ yǒu shū ma?
　（あなたは本を持っていますか。）

❼ 彼女は教室にいます。

主語	"在"	場所
她（Tā）	在（zài）	教室 里。(jiàoshì li.)

❽ ここ（这儿・这里 zhèli）、そこ・あそこ（那儿・那里 nàli）、どこ（哪儿・哪里 nǎli）

我 在 这儿。　Wǒ zài zhèr.（私はここにいます。）
他 在 那儿。　Tā zài nàr.（彼はあそこにいます。）
你 在 哪儿？　Nǐ zài nǎr?（あなたはどこにいますか。）

✏️ 書いてみよう（2）

✓単語

☐弟弟　dìdi　弟
☐狗　gǒu　犬
☐家　jiā　家
☐只　zhī　動物、鳥類を数える量詞
☐楼　lóu　階　　　　　　　　☐银行　yínháng　銀行

1. 私には弟が二人います。　　　　　（　　　　　　　　　　　　　　　　）

2. 彼はイヌを一匹飼っています。　　（　　　　　　　　　　　　　　　　）

3. 私は一階にいます。　　　　　　（　　　　　　　　　　　　　　　　　）

4. 銀行はどこにありますか。　　　（　　　　　　　　　　　　　　　　　）

5. 彼は家にいますか。　　　　　　（　　　　　　　　　　　　　　　　　）

❾ 私は来月中国に行きます。

主語	時	動詞	目的語
我 （Wǒ）	下个月 （xià ge yuè）	去 （qù）	中国。（Zhōngguó.）

❿ 時間詞

今年 jīnnián（今年）　去年 qùnián（去年）　明年 míngnián（来年）　今天 jīntiān（今日）
明天 míngtiān（明日）　后天 hòutiān（明後日）　昨天 zuótiān（昨日）
上（个）星期 shàng (ge) xīngqī（先週）　这（个）星期 zhè (ge) xīngqī（今週）
下（个）星期 xià (ge) xīngqī（来週）
上（个）月 shàng (ge) yuè（先月）　这（个）月 zhè (ge) yuè（今月）
下（个）月 xià (ge) yuè（来月）
每天 měitiān（毎日）　每（个）星期 měi (ge) xīngqī（毎週）　每（个）月 měi (ge) yuè（毎月）
每年 měinián（毎年）
一　点　yì diǎn（1時）　　　　　两　点　半　liǎng diǎn bàn（2時半）
三　点　一　刻　sān diǎn yí kè（3時15分）　四　点　十　分　sì diǎn shí fēn（4時10分）

書いてみよう（3）

✓ 単語
- □ 电视　diànshì　テレビ
- □ 东京　Dōngjīng　東京
- □ 吧　ba　提案するときに使う
- □ 寒假　hánjià　冬休み
- □ 回　huí　帰る
- □ 老家　lǎojiā　故郷
- □ 几点　jǐdiǎn　なん時
- □ 晚饭　wǎnfàn　夕飯
- □ 睡觉　shuìjiào　寝る

1. 彼は毎日テレビを見ます。　　　　（　　　　　　　　　　　　　　　　　）

2. 私たち明日、東京に行こうよ。　　（　　　　　　　　　　　　　　　　　）

3. 私は冬休みに故郷に帰ります。　　（　　　　　　　　　　　　　　　　　）

4. あなたはなん時に夕飯を食べますか。（　　　　　　　　　　　　　　　　　）

5. 私は毎日12時に寝ます。　　　　（　　　　　　　　　　　　　　　　　）

◆ 会　話 ◆

① レストランで（在饭馆儿）

A：我们 喝 什么？
B：我 喝 白酒。
A：别 喝 白酒！ 我们 喝 啤酒 吧。

A：Wǒmen hē shénme?
B：Wǒ hē báijiǔ.
A：Bié hē báijiǔ! Wǒmen hē píjiǔ ba.

② お名前は（你叫什么名字?）

A：你好！ 请 问，你 叫 什么 名字？
B：我 叫 陈 敏。你 呢？
A：我 叫 铃木 五郎。

A：Nǐ hǎo! Qǐng wèn, nǐ jiào shénme míngzi?
B：Wǒ jiào Chén Mǐn. Nǐ ne?
A：Wǒ jiào Língmù Wǔláng.

③ 出発時間（出发时间）

A：明天 我们 几点 出发？
B：早晨 六点 出发。
A：那 我们 睡觉 吧。
B：好！

A：Míngtiān wǒmen jǐdiǎn chūfā?
B：Zǎochén liùdiǎn chūfā.
A：Nà wǒmen shuìjiào ba.
B：Hǎo!

④ 映画を見よう（看电影吧）

A：你 今天 有没有 时间？
B：有 啊！
A：我们 看 电影 吧。
B：好。

A：Nǐ jīntiān yǒuméiyǒu shíjiān?
B：Yǒu a!
A：Wǒmen kàn diànyǐng ba.
B：Hǎo.

まとめの練習

1 （　）に適当な中国語を入れましょう。（　）に入る漢字は一字とは限りません。

① 私は映画の切符を二枚持っています。
　　我有（　　　　　）电影票。

② 私には暇がありません。
　　我（　　　　　）空儿。

③ 私には姉が一人います。
　　我（　　　　　）一个姐姐。

④ 母は北京にいます。
　　妈妈（　　　　　）北京。

⑤ 弟は家にいません。
　　弟弟（　　　　　）家。

2 単語を並べ替えて中国語の文を作りましょう。

① あなたは何を食べますか。　　　（什么／吃／你／？）

② 私はケーキを食べます。　　　（蛋糕／我／吃／。）

③ あなたは何時に起きますか。　　　（几点／你／起床／？）

④ 私は8時20分に学校に行きます。　　　（我／八点／二十分／学校／去／。）

⑤ 泣かないで。　　　（哭／别／。）

彼女はきれいです。

❖この課で学ぶこと
- 《主語+"很"+形容詞。》 《"多"+形容詞?》 ●疑問詞
- 《動詞+("一")+動詞》/《動詞+"一下"》

❶ 彼女はきれいです。

主語	"很"	形容詞
她（Tā）	很（hěn）	漂亮。(piàoliang.)

● 形容詞が述語の場合、単独では使わず、"很"などの程度を表す語といっしょに使います。"很"の意味は「とても」ですが、例文のような場合、"很"を強調しないかぎり、「とても」の意味は消えます。他の程度を表わす語は"很"のように意味が消えることはありません。

- 房间 特别 小。　Fángjiān tèbié xiǎo.　　　（部屋はとても狭いです。）
- 价格 非常 贵。　Jiàgé fēicháng guì.　　　（値段は非常に高いです。）
- 他 真 帅。　Tā zhēn shuài.　　　（彼は本当に格好いいです。）
- 这么 热。　Zhème rè.　　　（こんなに暑いです。）
- 那么 便宜。　Nàme piányi.　　　（あんなに安いです。）
- 最近 比较 忙。　Zuìjìn bǐjiào máng.　　　（最近比較的忙しいです。）
- 语法 不太 难。　Yǔfǎ bútài nán.　　　（文法はあまり難しくないです。）
- 数学 太 难 了。　Shùxué tài nán le.　　　（数学は難しすぎます。）
- 衣服 有点儿 小。　Yīfu yǒudiǎnr xiǎo.　　　（服はちょっと小さいです。）

▶否定

主語+"不"+形容詞　　　他 不胖。　Tā búpàng.（彼は太っていません。）
※ "很"は取ります。"不很胖"は「あまり太っていません」。

▶疑問

主語+形容詞+"不"+形容詞?　他 胖不胖?　Tā pàngbupàng?（彼は太っていますか。）
主語+形容詞+"吗"?　　　　　他 胖 吗?　Tā pàng ma?（彼は太っていますか。）
※ "很"は取ります。"很胖吗？"は「とても太っていますか」。

主語+"不"+形容詞+"吗"?　　他 不胖 吗?　Tā búpàng ma?（彼は太っていませんか。）

第4課

❷ 私は背が低いです。

～は	～が	程度を表す語	形容詞。
我（Wǒ）	个子（gèzi）	很（hěn）	矮。(ǎi.)

✏️ 書いてみよう（1）

✓ 単語

□ 近 jìn 近い　　　　□ 今天 jīntiān 今日　　　　□ 热 rè 暑い
□ 故事 gùshi 物語　　□ 短 duǎn 短い　　　　　　□ 北京 Běijīng 北京
□ 冬天 dōngtiān 冬　　□ 冷 lěng 寒い　　　　　　□ 肚子 dùzi お腹
□ 疼 téng 痛い

1. こんなに近いです。　　　（　　　　　　　　　　　　　　　）

2. 今日は暑いです。　　　　（　　　　　　　　　　　　　　　）

3. 物語は短いです。　　　　（　　　　　　　　　　　　　　　）

4. 北京は冬が寒いです。　　（　　　　　　　　　　　　　　　）

5. 私はお腹が痛いです。　　（　　　　　　　　　　　　　　　）

❸《"多"＋形容詞？》の疑問文

多大？ Duōdà?（どのくらい大きい、何歳。）　　多长？ Duōcháng?（どのくらいの長さ。）

よく"有"といっしょに使われます。
绳子 有 多长？ Shéngzi yǒu duōcháng?（ひもはどのくらい長いのですか。）

❹ いくつ（数をたずねる）

几 jǐ ※主に、返ってくる答えが10以下であることが予想される場合に使います。量詞を必ずつけます。
你 有 几个 朋友？ Nǐ yǒu jǐge péngyou?（あなたには何人の友達がいますか。）

多少 duōshao ※量詞はつけなくてもいいです。
你 有 多少 书？ Nǐ yǒu duōshao shū?（あなたは何冊の本を持っていますか。）

書いてみよう（2）

✓ 単語

□套　tào　組、セット　　□西服　xīfú　背広　　□行李　xíngli　旅行の荷物
□重　zhòng　重い　　　　□暑假　shǔjià　夏休み　□富士山　Fùshìshān　富士山
□高　gāo　高い　　　　　□度　dù　（温度・角度の）度

1. あなたは何着背広を持っていますか。　（　　　　　　　　　　　　　　　　　）

2. 荷物はどのくらい重いのですか。　　（　　　　　　　　　　　　　　　　　）

3. 夏休みはどのくらい長いのですか。　（　　　　　　　　　　　　　　　　　）

4. 富士山はどのくらい高いのですか。　（　　　　　　　　　　　　　　　　　）

5. 今日は何度（気温）ですか。　　　　（　　　　　　　　　　　　　　　　　）

❺ あなたはどうしてこんなに頭がいいの。

主語	"为什么／怎么"	"这么"	形容詞 ？
你（Nǐ）	为什么（wèishénme）	这么（zhème）	聪明？（cōngming?）

● どうして彼女はあんなにもきれいなんだろう。

主語	"为什么／怎么"	"那么"	形容詞 ？
她（Tā）	怎么（zěnme）	那么（nàme）	漂亮？（piàoliang?）

※为什么、怎么：「なぜ、どうして」という意味です。

❻ 餃子はどうやって作りますか

主語	"怎么"	動詞 ？
饺子（Jiǎozi）	怎么（zěnme）	做？（zuò?）

※怎么「どうやって、どのように」：方法、手段などを聞くときに使います。

書いてみよう（3）

✓ **単語**

□热　rè　暑い、熱い　　　　□喜欢　xǐhuan　好む　　　　□办　bàn　する、やる
□用　yòng　使う　　　　　　□去　qù　行く

1. どうしてこんなに暑いの。　　　（　　　　　　　　　　　　　　　）

2. どうして好きじゃないの。　　　（　　　　　　　　　　　　　　　）

3. どうしよう。　　　　　　　　　（　　　　　　　　　　　　　　　）

4. どうやって使うの。　　　　　　（　　　　　　　　　　　　　　　）

5. 私たちはどうやって行きますか。（　　　　　　　　　　　　　　　）
　（移動手段を聞く）

❼ **ちょっと〜してみる。**

看（一）看。　　Kàn (yi) kan.／看 一下。　Kàn yíxià.（ちょっと見てみる。）
听（一）听。　　Tīng (yi) ting.／听 一下。　Tīng yíxià.（ちょっと聞いてみる。）
尝（一）尝。　　Cháng (yi) chang.／尝 一下。　Cháng yíxià.（ちょっと味見してみる。）

◆ 会　話 ◆

① 仕事（工作）

A：你 工作 怎么样?
B：特别 忙。你 怎么样?
A：不忙。很 轻松。你 为什么 那么 忙?

A：Nǐ gōngzuò zěnmeyàng?
B：Tèbié máng. Nǐ zěnmeyàng?
A：Bù máng. Hěn qīngsōng. Nǐ wèishénme nàme máng?

② 退屈（无聊）

A：真 无聊。今天 真 没 意思。
B：我们 玩儿 电子游戏 吧。
A：怎么 玩儿? 难不难?
B：很 简单，而且 很 好玩儿。

A：Zhēn wúliáo. Jīntiān zhēn méi yìsi.
B：Wǒmen wánr diànzǐyóuxì ba.
A：Zěnme wánr? Nánbunán?
B：Hěn jiǎndān, érqiě hěn hǎowánr.

③ 体型（体型）

A：你 个子 真高。有 多高? 体重 呢?
B：有 一米九。六十五 公斤。
A：你 太 轻 了 吧。

A：Nǐ gèzi zhēngāo. Yǒu duōgāo? Tǐzhòng ne?
B：Yǒu yìmǐjiǔ. Liùshíwǔ gōngjīn.
A：Nǐ tài qīng le ba.

④ 靴屋さん（鞋店）

A：这 双 鞋 有点儿 大。
B：那 你 试一试 这 双 吧。
A：大小 正好。多少 钱?
B：一 双 三百 块。

A：Zhè shuāng xié yǒudiǎnr dà.
B：Nà nǐ shìyishì zhè shuāng ba.
A：Dàxiǎo zhènghǎo. Duōshao qián?
B：Yì shuāng sānbǎi kuài.

第4課

まとめの練習

1 （　）に適当な中国語を入れましょう。（　）に入る漢字は一字とは限りません。

① 彼は頭がよく、その上、性格もいい。
　他很聪明，（　　　　）性格也很好。

② 飛行機のチケットはどうやって買うの。
　飞机票（　　　　）买?

③ どうして私は今日こんなに疲れているのだろう。
　我今天（　　　　）累。

④ 東京の夏は暑いですか。
　东京夏天（　　　　）?

⑤ 今日はちょっと寒い（寒くていやだ）。
　今天（　　　　）冷。

2 単語を並べ替えて中国語の文を作りましょう。

① あなたはなぜこんなによろこんでいるの。　（这么／怎么／你／高兴／?）

② バスケットボールは面白いです。　（好玩儿／篮球／很／。）

③ 中国語は文法が比較的簡単です。　（比较／语法／汉语／简单／。）

④ 北京ダックはどうやって食べるの。　（北京烤鸭／吃／怎么／?）

⑤ 私は頭が少し痛いです。　（我／疼／有点儿／头／。）

31

第5課 彼は学生です。

❖この課で学ぶこと

- 《主語＋"是"＋目的語。》
- "也"と"都"
- 的
- 《"这"＋"是"＋目的語》
- "这・那・哪"＋量詞
- 年齢
- 時間詞

❶ 彼は学生です。

主語　　"是"　　目的語。
他 (Tā)　是 (shì)　学生。(xuésheng.)

▶否定

主語＋"不是"＋目的語。　　　他 不是 学生。　Tā búshì xuésheng.
（彼は学生ではありません。）

▶疑問

主語＋"是不是"＋目的語？　　他 是不是 学生？　Tā shìbushì xuésheng?
（彼は学生ですか。）

主語＋"是"＋目的語＋"吗"？　他 是 学生 吗？　Tā shì xuésheng ma?
（彼は学生ですか。）

主語＋"是"＋目的語＋"吧"？　他 是 学生 吧？　Tā shì xuésheng ba?
（彼は学生でしょう。）

主語＋"是"＋"谁"？　　　　　他 是 谁？　Tā shì shéi?
（彼は誰ですか。）

"谁"＋"是"＋目的語？　　　　谁 是 王宁？　Shéi shì Wáng Níng?
（誰が王寧さんですか。）

❷ "也" と "都"

主語＋"也是"＋目的語？　　　他 也是 大学生。　Tā yěshì dàxuéshēng.
（彼も大学生です。）

主語＋"都是"＋目的語？　　　他们 都是 大学生。　Tāmen dōushì dàxuéshēng.
（彼らはみんな大学生です。）

❸ 私の携帯電話

我 的 手机 wǒ de shǒujī（私の携帯電話）　　姐姐 的 裙子 jiějie de qúnzi（姉のスカート）
我 爸爸 wǒ bàba（私の父）　　　　　　　　　她 家 tā jiā（彼女の家）

❹ 姉が作った料理

姐姐 做 的 菜　jiějie zuò de cài（姉が作った料理）
他 戴 的 手表　tā dài de shǒubiǎo（彼が着けている腕時計）

❺ これは私の教科書です。

"这"	"是"	目的語
这（Zhè）	是（shì）	我 的 课本。（wǒ de kèběn.）

那 是 我 爸爸 的 照片。　Nà shì wǒ bàba de zhàopiàn.（あれは私の父の写真です。）

書いてみよう（1）

✓ 単語

□医生　yīshēng　医者　　　　　□中国留学生　Zhōngguó liúxuéshēng　中国人留学生
□日本人　Rìběnrén　日本人　　　□吧　ba　〜でしょう

1. 彼は医者ですか。　　　　　　（　　　　　　　　　　　　　　）

2. 彼女も中国人留学生です。　　（　　　　　　　　　　　　　　）

3. あなたは日本人でしょう。　　（　　　　　　　　　　　　　　）

4. これはあなたの腕時計でしょう。（　　　　　　　　　　　　　）

5. あれは何ですか。　　　　　　（　　　　　　　　　　　　　　）

❻ これら・あれら・どれら

这 些 都是 我 的 书。　Zhè xiē dōushì wǒ de shū.（これらはすべて私の本です。）
那 些 都是 他 的 行李。　Nà xiē dōushì tā de xíngli.（あれらはすべて彼の荷物です。）
哪 些 是 你 画 的 画儿？　Nǎ xiē shì nǐ huà de huàr?（どれらがあなたが描いた絵ですか。）

❼ この　あの

这　个　人　zhè ge rén（この人）　　这　辆　汽车　zhè liàng qìchē（この車）
那　个　人　nà ge rén（あの人）　　那　辆　汽车　nà liàng qìchē（あの車）
哪　个　人　nǎ ge rén（どの人）　　哪　辆　汽车　nǎ liàng qìchē（どの車）

書いてみよう（2）

✓ **単語**

☐杯子　bēizi　コップ　　　　　　　　☐邮票　yóupiào　切手
☐位　wèi　量詞・人を数える（敬意）　☐先生　xiānsheng　〜さん（男）
☐欧阳　Ōuyáng　欧陽・中国人の姓

1. どれがあなたのコップですか。　（　　　　　　　　　　　　　）

2. これらはすべて私の切手です。　（　　　　　　　　　　　　　）

3. どれらがあなたのですか。　　　（　　　　　　　　　　　　　）

4. あの人は誰ですか。　　　　　　（　　　　　　　　　　　　　）

5. こちらは欧陽さんです。　　　　（　　　　　　　　　　　　　）

---

❽ 年齢

我　二十　岁。　Wǒ èrshí suì.（私は二十歳です。）※普通"是"は使いません。
我　不是　二十　岁，是　十九　岁。　Wǒ búshì èrshí suì, shì shíjiǔ suì.
（私は二十歳ではありません、十九歳です。）※否定・強調する場合"是"を使います。
你　多大？　Nǐ duōdà?（あなたは何歳ですか。）

❾ 日にち

今天　几　月　几　号？　Jīntiān jǐ yuè jǐ hào?（今日は何月何日ですか。）
今天　八　月　十五　号。　Jīntiān bā yuè shíwǔ hào?（今日は8月15日です。）
※普通"是"は使いません。
今天　不是　十五　号，是　十四　号。　Jīntiān búshì shíwǔ hào, shì shísì hào.
（今日は15日ではありません。14日です。）※否定や強調する場合"是"を使います。

❿ 曜日

今天　星期　几？　Jīntiān xīngqī jǐ?　（今日は何曜日ですか。）
今天　星期　三。　Jīntiān xīngqī sān.　（今日は水曜日です。）※普通"是"は使いません。

今天 不是 星期 三，是 星期 二。 Jīntiān búshì xīngqī sān, shì xīngqī èr.
（今日は水曜日ではありません、火曜日です。）※否定・強調する場合"是"を使います。

一个星期 yí ge xīngqī（一週間）

星期 一 xīngqī yī（月曜日）　　星期 二 xīngqī èr（火曜日）　　星期 三 xīngqī sān（水曜日）

星期 四 xīngqī sì（木曜日）　　星期 五 xīngqī wǔ（金曜日）　　星期 六 xīngqī liù（土曜日）

星期 天／日 xīngqī tiān／rì（日曜日）

⑪ 年

一九八七 年　yījiǔbāqī nián（1987年）

今年 二零一二 年。 Jīnnián èrlíngyī'èr nián.（今年は2012年です。）

今年 一二 年。 Jīnnián yī'èr nián.（今年は（20)12年です。）

※普通"是"は使いません。

今年 不是 一一 年，是 一二 年。 Jīnnián búshì yīyī nián, shì yī'èr nián.

（今年は（20)11年ではありません。（20)12年です。）

※否定・強調する場合"是"を使います。

⑫ 時刻

现在 几 点? Xiànzài jǐ diǎn?（今何時ですか。）

现在 两 点 二十 分。 Xiànzài liǎng diǎn èrshí fēn（現在2時20分です。）

※普通"是"を使いません。

现在 不是 两 点，是 三 点。 Xiànzài búshì liǎng diǎn, shì sān diǎn.

（現在2時ではありません、3時です。）※否定や強調する場合に"是"を使います。

📝 書いてみよう（3）

✓ 単語

☐妹妹　mèimei　妹　　　　　☐生日　shēngrì　誕生日

1. あなたは今年何歳ですか。　　　（　　　　　　　　　　　　　）

2. 私の妹は今年18歳です。　　　（　　　　　　　　　　　　　）

3. 5月20日は土曜日です。　　　（　　　　　　　　　　　　　）

4. あなたの誕生日は何月何日ですか。　（　　　　　　　　　　　　　）

5. 今、1時20分です。　　　　　（　　　　　　　　　　　　　）

◆ 会　話 ◆

① 迎えに来ました（我来接您）

A：您 是 太田 先生 吧？
B：是，我 是 太田。您 是 ……？
A：您 好！我 是 王宁。欢迎，欢迎。

A：Nín shì Tàitián xiānsheng ba?
B：Shì, wǒ shì Tàitián. Nín shì……?
A：Nín hǎo! Wǒ shì Wáng níng. Huānyíng, huān yíng.

② 昼食（午饭）

A：现在 几 点？
B：等一等，我 看 一下，现在 12 点 整。
A：那 我们 吃 午饭 吧。

A：Xiànzài jǐ diǎn?
B：Děngyideng, wǒ kàn yíxià, xiànzài shí'èr diǎn zhěng.
A：Nà wǒmen chī wǔfàn ba.

③ 何の日（什么日子）

A：7 月 8 号 是 星期 几？
B：是 星期 六，什么 日子？
A：告诉 你，是 我 的 生日。

A：Qī yuè bā hào shì xīngqī jǐ?
B：Shì xīngqī liù, shénme rìzi?
A：Gàosu nǐ, shì wǒ de shēngrì.

④ だれの？（谁的）

A：这 是 谁 的 课本？
B：那 是 小李 的。
A：那 这 本 呢？
B：那 是 我 的。

A：Zhè shì shéi de kèběn?
B：Nà shì Xiǎo Lǐ de.
A：Nà zhè běn ne?
B：Nà shì wǒ de.

まとめの練習

1 （　）に適当な中国語を入れましょう。（　）に入る漢字は一字とは限りません。

① これは誰の辞書ですか。
这是（　　　　）词典？

② あなたは留学生でしょう。
你是留学生（　　　　）？

③ 31日は土曜日です。
三十一号（　　　　）星期六。

④ 4月9日は何曜日ですか。
四月九号是（　　　　）？

⑤ 明日は水曜日ではありません。
明天（　　　　）星期三。

2 単語を並べ替えて中国語の文を作りましょう。

① あなたはどちら様ですか。　　　　（哪／是／您／位／？）

② 彼も会社員です。　　　　（他／公司职员／是／也／。）

③ これらはすべて私の兄の本です。　　（这／我／书／些／是／哥哥／的／都／。）

④ これは私の父が買った雑誌です。　　（这／爸爸／是／的／我／买／杂志／。）

⑤ 現在11時半です。　　　　（半／十一／现在／点／。）

第6課　私はビールを五本飲みました。

❖この課で学ぶこと

- 《 主語 ＋ 動詞 ＋"了"。》　《 主語 ＋ 動詞 ＋("了")＋ 目的語 ＋"了"。》
- 《 主語 ＋ 動詞 ＋"了"＋ 量を表す語 ＋ 目的語 。》
- 《 主語 ＋ 動詞 ＋"了"＋ 時間量 ＋ 目的語 。》
- 《 主語 ＋ 動詞 ＋"了"＋ 量を表す語 ＋ 目的語 ＋"了"。》
- 《 主語 ＋ 動詞 ＋"了"＋ 時間量 ＋ 目的語 ＋"了"。》　●変化の"了"

❶ 私は飲みました。

主語	動詞	"了"。
我（Wǒ）	喝（hē）	了。(le.)

▶否定

主語 ＋"没(有)"＋ 動詞 。　　　我　没(有)喝。　Wǒ méi(yǒu)hē.
※"了"は消えます。　　　　　　（私は飲まなかったです。）

主語 ＋"还没(有)"＋ 動詞 。　　我　还没(有)喝。　Wǒ háiméi(yǒu)hē.
　　　　　　　　　　　　　　（私はまだ飲んでいません。）

▶疑問

主語 ＋ 動詞 ＋"了"＋"吗"？　　你　喝　了　吗？　Nǐ hē le ma?
　　　　　　　　　　　　　　（あなたは飲みましたか。）

主語 ＋ 動詞 ＋"了"＋"没有"？　你　喝　了　没有？　Nǐ hē le méiyǒu?
　　　　　　　　　　　　　　（あなたは飲みましたか。）

主語 ＋ 動詞 ＋"没"＋ 動詞 ？　你　喝没喝？　Nǐ hēméihē?
　　　　　　　　　　　　　　（あなたは飲みましたか。）

主語 ＋"没(有)"＋ 動詞 ＋"吗"？　你　没(有)喝　吗？　Nǐ méi(yǒu)hē ma?
　　　　　　　　　　　　　　（あなたは飲まなかったのですか。）

❷ 私はテレビを見ました。

主語	動詞	("了")(省略可)	目的語	"了"。
我（Wǒ）	看（kàn）	（了）(le)	电视（diànshì）	了。(le.)

※普通は最初の（了）は省略されます。

第6課

書いてみよう（1）

✓ 単語
- □买 mǎi 買う
- □来 lái 来る
- □吃 chī 食べる
- □饭 fàn 食事
- □玩儿 wánr 遊ぶ
- □电子游戏 diànzǐyóuxì ゲーム
- □弟弟 dìdi 弟
- □打扫 dǎsǎo 掃除する
- □房间 fángjiān 部屋

1. 私は買いました。　　　　　　（　　　　　　　　　　　　　　）

2. 彼は来ましたか。　　　　　　（　　　　　　　　　　　　　　）

3. あなたは食事をしましたか。　（　　　　　　　　　　　　　　）

4. 私たちはゲームをしました。　（　　　　　　　　　　　　　　）

5. 私の弟は部屋を掃除しました。（　　　　　　　　　　　　　　）

---

❸ 私はビールを五本飲みました。

主語	動詞	"了"	量を表す語＋目的語。
我（Wǒ）	喝（hē）	了（le）	五瓶 啤酒。(wǔpíng píjiǔ.)

❹ 私は中国語を四年間勉強しました。

主語	動詞	"了"	時間量	("的")(省略可)	目的語。
我（Wǒ）	学习（xuéxí）	了（le）	四年（sìnián）	（的）(de)	汉语。(Hànyǔ.)

❺ 私は（飲み始めてから今までに）ビールを五本飲んだところです。

主語	動詞	"了"	量を表す語＋目的語	"了"。
我（Wǒ）	喝（hē）	了（le）	五瓶 啤酒 (wǔpíng píjiǔ)	了。(le.)

❻ 私は（勉強し始めてから今までに）中国語を四年間勉強しています。

主語	動詞	"了"	時間量	("的")(省略可)	目的語	"了"。
我（Wǒ）	学习（xuéxí）	了（le）	四年（sìnián）	（的）(de)	汉语。(Hànyǔ.)	了。(le.)

書いてみよう（2）

✓ **単語**

- □ 跑　pǎo　走る
- □ 妈妈　māma　お母さん
- □ 裤子　kùzi　ズボン
- □ 开　kāi　運転する
- □ 电话　diànhuà　電話
- □ 公里　gōnglǐ　キロ
- □ 条　tiáo　量詞　細長いものを数える
- □ 睡　shuì　寝る
- □ 车　chē　車
- □ 早晨　zǎochén　朝
- □ 小时　xiǎoshí　時間
- □ 打　dǎ　（電話）する

1. 私は今朝3km走りました。　　　　（　　　　　　　　　　　　　　　）

2. 私の母は今日ズボンを二本買いました。（　　　　　　　　　　　　　　　）

3. 昨日八時間寝ました。　　　　（　　　　　　　　　　　　　　　）

4. 私は二時間車の運転をしています。　（　　　　　　　　　　　　　　　）

5. 彼は三時間電話しています。　　　（　　　　　　　　　　　　　　　）

❼ 子どもが大きくなりました。

主語	変化した状態	"了"。
孩子（Háizi）	大（dà）	了。(le.)

他　是　小学生　了。　Tā shì xiǎoxuéshēng le.（彼は小学生になりました。）
我　喜欢　数学　了。　Wǒ xǐhuan shùxué le.（私は数学が好きになりました。）

❽ 私はタバコを吸うのをやめました。

主語	"不"＋動詞	目的語	"了"。
我（Wǒ）	不 抽（bù chōu）	烟（yān）	了。(le.)

第6課

書いてみよう（3）

✓ **単語**

- □天气　tiānqì　天候
- □电　diàn　電気
- □酒　jiǔ　お酒
- □学校　xuéxiào　学校
- □冷　lěng　寒い
- □水　shuǐ　水・お湯
- □今天　jīntiān　今日
- □手机　shǒujī　携帯電話
- □凉　liáng　冷たい
- □去　qù　行く

1. （天候が）寒くなりました。　　　（　　　　　　　　　　　　　　　　）

2. 携帯は電気が無くなりました。　　（　　　　　　　　　　　　　　　　）

3. 水（お湯）が冷たくなりました。　（　　　　　　　　　　　　　　　　）

4. 私はお酒を飲むのをやめました。　（　　　　　　　　　　　　　　　　）

5. 私は今日学校に行くのをやめました。（　　　　　　　　　　　　　　　　）

◆ 会　話 ◆

① とりあえずこれ食べて！（先吃这个吧！）

A：我 饿 了。你 饿不饿？
B：不饿，我 刚才 吃了 一个 面包。还 有 一个 呢，你 吃 吧。

A：Wǒ è le, nǐ èbuè?
B：Búè, wǒ gāngcái chī le yíge miànbāo. Hái yǒu yíge ne, nǐ chī ba.

② 楽しいお買い物（快乐购物）

A：你 看，我 买 了 这么 多 漂亮 的 衣服。
B：还 买 什么 了？
A：还 买 了 两个 冰激凌。咱们 一起 吃 吧。

A：Nǐ kàn, wǒ mǎile zhème duō piàoliang de yīfu.
B：Hái mǎi shénme le?
A：Hái mǎi le liǎngge bīngjīlíng. Zánmen yìqǐ chī ba.

③ もっと食べなよ（再吃一个吧）

A：我 做 的 包子，味道 怎么 样？
B：真 好吃。我 已经 吃 了 十 多个 了。
A：那 再 来 一个 吧。

A：Wǒ zuò de bāozi, wèidao zěnmeyàng?
B：Zhēn hǎochī. Wǒ yǐjīng chī le shíduōge le.
A：Nà zài lái yíge ba.

④ 酔っ払った。（喝醉了）

A：你 看，我 的 脸 怎么样？
B：不 怎么样。
A：别 开 玩笑！脸 红 了 吗？
B：不，你 的 脸 已经 白 了。

A：Nǐ kàn, wǒ de liǎn zěnmeyàng?
B：Bù zěnmeyàng.
A：Bié kāi wánxiào! Liǎn hóng le ma?
B：Bù, nǐ de liǎn yǐjīng bái le.

第6課

まとめの練習

1 （ ）に適当な中国語を入れましょう。（ ）に入る漢字は一字とは限りません。

① 彼はすでに寝ました。
　他（　　　　）睡了。

② あなたは今さっき何と言いましたか。
　你（　　　　）说什么了？

③ 明日また来てください。
　明天（　　　　）来吧。

④ 最近どうですか（調子などを聞く）。
　最近（　　　　）？

⑤ あなたはさらにどこに行きましたか。
　你（　　　　）去哪儿了？

2 単語を並べ替えて中国語の文を作りましょう。

① 私は昨晩二時間電話をしました。　　（昨天晚上／电话／的／我／了／打／两个小时／。）

② 彼女はまだ来ていません。　　（没／她／来／还／。）

③ 彼はテレビを見るのをやめました。　　（不／电视／看／他／了／。）

④ 私は十年間卓球をやっています。　　（打／我／的／了／十／年／了／乒乓球／。）

⑤ 私は昨日宿題をやりませんでした。　　（我／没／昨天／作业／写／。）

43

第7課 彼はちょうどテレビを見ています。

❖この課で学ぶこと

- 《 主語 + "正在" + 動詞 + 目的語 + "呢"。》
- 《 主語 + 動詞 + "过" + 動作量 + 目的語。》
- 《 主語 + 動詞 + "着"。》 《 動詞① + "着" + 動詞② + 目的語。》

❶ 彼はちょうどテレビを見ています。

主語	"正在"	動詞	目的語	"呢"。
他（Tā）	正在（zhèngzài）	看（kàn）	电视（diànshi）	呢。(ne.)

書いてみよう（1）

✓ 単語

- □休息　xiūxi　休憩する
- □爸爸　bàba　お父さん
- □练　liàn　練習する
- □聊天儿　liáotiānr　おしゃべりする
- □洗澡　xǐzǎo　お風呂に入る
- □钢琴　gāngqín　ピアノ
- □老师　lǎoshī　先生
- □准备　zhǔnbèi　準備する

1. 私たちは休憩中です。　　　　　　（　　　　　　　　　　　　）
2. 彼女らはちょうどおしゃべりしています。（　　　　　　　　　　　　）
3. 父は入浴中です。　　　　　　　　（　　　　　　　　　　　　）
4. 私の先生はちょうどピアノの練習をしています。（　　　　　　　　　　　　）
5. 私たちはちょうど準備しています。（　　　　　　　　　　　　）

❷ 私はヨーロッパに行ったことがあります。

主語	動詞	"过"	目的語。
我（Wǒ）	去（qù）	过（guo）	欧洲。(Ōuzhōu.)

▶否定

主語 + "没" + 動詞 + "过" + 目的語。　我 没去过 欧洲。　Wǒ méiqùguo Ōuzhōu.
（私はヨーロッパに行ったことがありません。）

▶疑問

主語＋動詞＋"过"＋目的語＋"吗"?　　你 去过 欧洲 吗？　Nǐ qùguo Ōuzhōu ma?
（あなたはヨーロッパに行ったことがありますか。）

主語＋動詞＋"过"＋目的語＋"没有"?　　你 去过 欧洲 没有？
Nǐ qùguo Ōuzhōu méiyǒu?
（あなたはヨーロッパに行ったことがありますか。）

主語＋動詞＋"(过)"＋"没"＋動詞＋"过"＋目的語?
你 去(过) 没去过 欧洲？
Nǐ qù(guo) méiqùguo Ōuzhōu?
（あなたはヨーロッパに行ったことがありますか。）

❸ 私はヨーロッパに二回行ったことがある。

主語	動詞	"过"	動作量	目的語
我 (Wǒ)	去 (qù)	过 (guo)	两次 (liǎng cì)	欧洲。(Ōuzhōu.)

✏️ 書いてみよう（2）

✓ 単語

- □ 来　lái　来る
- □ 太极拳　tàijíquán　太極拳
- □ 考　kǎo　試験を受ける
- □ 见　jiàn　会う
- □ 这儿　zhèr　ここ
- □ 爬　pá　登る
- □ 几次　jǐcì　何回
- □ 学　xué　学ぶ
- □ 富士山　Fùshìshān　富士山
- □ 从来　cónglái　これまでに

1. 私はここに来たことがあります。　（　　　　　　　　　　　　　　　　）

2. 私は太極拳を学んだことがあります。　（　　　　　　　　　　　　　　　　）

3. 私たちは富士山に登ったことがありません。　（　　　　　　　　　　　　　　　　）

4. あなたはHSKを何回受けたことがありますか。　（　　　　　　　　　　　　　　　　）

5. 私は彼に、これまで会ったことはありません。　（　　　　　　　　　　　　　　　　）

❹ **窓が開いている。**

主語	動詞	"着"。
窗户（Chuānghu）	开（kāi）	着。(zhe.)

▶否定

主語 ＋ "没（有）" ＋ 動詞 ＋ "着"。　　窗户 没（有）开着。

　　　　　　　　　　　　　　　　　　　Chuānghu méi(yǒu) kāizhe.

　　　　　　　　　　　　　　　　　　　（窓は開いていない。）

▶疑問

主語 ＋ 動詞 ＋ "着" ＋ "吗"？　　窗户 开着 吗？　Chuānghu kāizhe ma?

　　　　　　　　　　　　　　　　（窓が開いていますか。）

主語 ＋ 動詞 ＋ "着" ＋ "没有"？　　窗户 开着 没有？　Chuānghu kāizhe méiyǒu?

　　　　　　　　　　　　　　　　　（窓が開いていますか。）

❺ **寝そべってテレビを見る。**

動詞①	"着"	動詞②	目的語。
躺（Tǎng）	着（zhe）	看（kàn）	电视。(diànshì.)

❻ **走って行く。**

動詞①	"着"	動詞②。
跑（Pǎo）	着（zhe）	去。(qù.)

※「方法」（この場合は移動の手段）を表します。

書いてみよう（3）

✓ 単語

- ☐ 门 mén ドア
- ☐ 开 kāi （明かりを）つける
- ☐ 说 shuō 言う
- ☐ 关 guān 閉める
- ☐ 站 zhàn 立つ
- ☐ 走 zǒu 歩く
- ☐ 灯 dēng 明かり
- ☐ 哭 kū 泣く
- ☐ 车站 chēzhàn 駅

1. ドアが閉まっています。　（　　　　　　　　　　　　　）

2. 明かりが点いています。　（　　　　　　　　　　　　　）

3. 立って食べます。　（　　　　　　　　　　　　　）

4. 泣きながら言います。　（　　　　　　　　　　　　　）

5. 駅に歩いて行きます。　（　　　　　　　　　　　　　）

◆ 会　話 ◆

① 代わって（让我用一下）

A：我 用用 电脑，行不行？
B：不行，我 正在 用 呢。
A：你 在 玩儿 游戏 吧。我 有 急事儿 呢。

A：Wǒ yòngyong diànnǎo, xíngbuxíng?
B：Bùxíng, wǒ zhèngzài yòng ne.
A：Nǐ zài wánr yóuxì ba. Wǒ yǒu jí shìr ne.

② お酒嫌い（不喜欢喝酒）

A：真 苦，真 难喝。
B：你 没喝过 啤酒 吗？
A：喝过 几 次，还是 不习惯。
B：那 你 还是 喝 果汁吧。

A：Zhēn kǔ, zhēn nánhē.
B：Nǐ méihēguo píjiǔ ma?
A：Hēguo jǐ cì, háishì bùxíguàn.
B：Nà nǐ háishì hē guǒzhī ba.

③ 戸締りはしたのに（锁门了）

A：哎，门 开着。
B：走 的 时候，我 锁门 了。
A：我 看看。糟 了，是 小偷儿。你 快 报警 吧。

A：Āi, mén kāizhe.
B：Zǒu de shíhou, wǒ suǒmén le.
A：Wǒ kànkan. Zāo le, shì xiǎotōur. Nǐ kuài bàojǐng ba.

④ おいしいキノコ（好吃的蘑菇）

A：这 是 给 你 的，我 老家 的 特产，蘑菇。
B：怎么 吃 呢？
A：炒着 吃，非常 好吃。

A：Zhè shì gěi nǐ de, wǒ lǎojiā de tèchǎn, mógu.
B：Zěnme chī ne?
A：Chǎozhe chī, fēicháng hǎochī.

まとめの練習

1 （　）に適当な中国語を入れましょう。（　）に入る漢字は一字とは限りません。

① 私たち一緒に一曲歌おうよ、いい。
　我们一起唱一首，（　　　　）吗？

② 早く来て。
　你（　　　　）来吧。

③ 私はやっぱり行くのを止めました。
　我（　　　　）不去了。

④ 大学生のとき、私は毎日野球をやっていました。
　上大学的（　　　　），我每天打棒球。

⑤ 私はこれまでこんなに面白い映画を見たことがない。
　我（　　　　）没看过这么好玩儿的电影。

2 単語を並べ替えて中国語の文を作りましょう。

① 私のお姉さんはお化粧中です。　　　　（姐姐／正在／我／化妆／呢／。）

② 彼らはお茶を飲んでいます。　　　　（正在／他们／喝／呢／茶／。）

③ 私は故宮に三度行ったことがあります。（去／三／我／次／过／故宫／。）

④ 横になって音楽を聴きます。　　　　（着／音乐／听／躺／。）

⑤ かばんを持って学校に行きます。　　　（拿／书包／去／着／学校／。）

第8課　私は中華料理を食べたいです。

❖ この課で学ぶこと

- 助動詞 "想"・"打算"・"应该"・"得"・"要"

❶ 私は中華料理を食べたいです。

主語	"想"	動詞	目的語
我（Wǒ）	想（xiǎng）	吃（chī）	中国菜。(Zhōngguócài.)

▶否定文

主語＋"不想"＋動詞＋目的語。

我　不想　吃　中国菜。
Wǒ bùxiǎng chī Zhōngguócài.
（私は中華料理を食べたくない。）

▶疑問文

主語＋"想"＋動詞＋目的語＋"吗"?

你　想　吃　中国菜　吗?
Nǐ xiǎng chī Zhōngguócài ma?
（あなたは中華料理を食べたいですか。）

主語＋"想不想"＋動詞＋目的語?

你　想不想　吃　中国菜?
Nǐ xiǎngbuxiǎng chī Zhōngguócài?
（あなたは中華料理を食べたいですか。）

主語＋"不想"＋動詞＋目的語＋"吗"?

你　不想　吃　中国菜　吗?
Nǐ bùxiǎng chī Zhōngguócài ma?
（あなたは中華料理を食べたくないのですか。）

❷ 私は北京に行くつもりです。

主語	"打算"	動詞	目的語
我（Wǒ）	打算（dǎsuan）	去（qù）	北京。(Běijīng.)

※疑問文、否定文の作り方は "想" と同じです。

第8課

書いてみよう（1）

✓ 単語

□饺子　jiǎozi　餃子　　　　□咖啡　kāfēi　コーヒー　　　　□请假　qǐngjià　休みをもらう
□姐姐　jiějie　お姉さん　　□参加　cānjiā　参加する　　　□考试　kǎoshì　試験

1. 私は餃子を食べたいです。　　　　　（　　　　　　　　　　　　　　　　　　　　）

2. 私はコーヒーを飲みたくないです。　（　　　　　　　　　　　　　　　　　　　　）

3. 私は明日休みをもらうつもりです。　（　　　　　　　　　　　　　　　　　　　　）

4. 私の姉は中国に行くつもりです。　　（　　　　　　　　　　　　　　　　　　　　）

5. 試験を受けるつもりはないです。　　（　　　　　　　　　　　　　　　　　　　　）

❸ あなたは病院に行くべきです。

主語	"应该"	動詞	目的語
你（Nǐ）	应该（yīnggāi）	去（qù）	医院。(yīyuàn.)

※疑問文、否定文の作り方は"想"と同じです。

❹ 私は部屋を掃除しなければならないです。

主語	"得"	動詞	目的語
我（Wǒ）	得（děi）	打扫（dǎsǎo）	房间。(fángjiān.)

▶否定

主語＋"不用"＋動詞＋目的語。　　你 不用 打扫 房间。　Nǐ búyòng dǎsǎo fángjiān.
（あなたは部屋を掃除しなくていいです。）

▶疑問文

主語＋"得"＋動詞＋目的語＋吗？　　我 得 打扫 房间 吗？
Wǒ děi dǎsǎo fángjiān ma?
（私は部屋を掃除しなければなりませんか。）

主語＋"用不用"＋動詞＋目的語？　　我 用不用 打扫 房间？
Wǒ yòngbuyòng dǎsǎo fángjiān?
（私は部屋を掃除しなければなりませんか。）

書いてみよう（2）

✓ 単語

□感谢 gǎnxiè 感謝する　　□迟到 chídào 遅刻する　　□系 jì （ネクタイ）をしめる
□领带 lǐngdài ネクタイ　　□攒 zǎn （お金を）貯める　　□担心 dānxīn 心配する
□钱 qián お金

1. あなたは彼に感謝するべきです。　　（　　　　　　　　　　　　　　　）

2. あなたは遅刻するべきではないです。　（　　　　　　　　　　　　　　　）

3. あなたはネクタイをしなければならないです。　（　　　　　　　　　　　　　　　）

4. 私はお金を貯めなくてはならないです。　（　　　　　　　　　　　　　　　）

5. 心配しなくてもいいです。　　　　　（　　　　　　　　　　　　　　　）

❺ "要" と "想"・"打算"・"应该"・"得"

助動詞としての"要"は状況によって意味が変わります。

※"不要"は"别"と同じく禁止を意味しますので、否定では"要"は使いません。

● "要" と "想"

私は牛乳を飲みたいです。	私は牛乳を飲みたくないです。
我 要 喝 牛奶。 Wǒ yào hē niúnǎi.	我 不想 喝 牛奶。 Wǒ bùxiǎng hē niúnǎi.
我 想 喝 牛奶。 Wǒ xiǎng hē niúnǎi.	

● "要" と "打算"

私は旅行に行くつもりです。	私は旅行に行くつもりはないです。
我 要 去 旅行。 Wǒ yào qù lǚxíng.	我 不打算 去 旅行。 Wǒ bùdǎsuan qù lǚxíng.
我 打算 去 旅行。 Wǒ dǎsuan qù lǚxíng.	

● "要" と "应该"

あなたは彼女を送るべきです。	あなたは彼女を送らなくてもいいです。
你 要 送 她。 Nǐ yào sòng tā.	你 不用 送 她。 Nǐ búyòng sòng tā.
你 应该 送 她。 Nǐ yīnggāi sòng tā.	你 不应该 送 她。Nǐ bùyīnggāi sòng tā. ※あなたは彼女を送るべきではない。

● "要" と "得"

あなたは中国に行かなくてはならない。	あなたは中国に行かなくてもいいです。
你 要 去 中国。 Nǐ yào qù Zhōngguó.	你 不用 去 中国。 Nǐ búyòng qù Zhōngguó.
你 得 去 中国。 Nǐ děi qù Zhōngguó.	

書いてみよう（3）

✓ **単語**

- □ 辆 liàng 量詞 車を数える
- □ 汽车 qìchē 自動車
- □ 帮助 bāngzhù 助ける
- □ 年轻人 niánqīngrén 若い人
- □ 老人 lǎorén 老人
- □ 相信 xiāngxìn 信じる
- □ 什么时候 shénmeshíhou いつ
- □ 什么 shénme 何

1. 私は車を一台買いたいです。　（　　　　　　　　　　　）

2. 若い人はお年寄りを助けるべきです。　（　　　　　　　　　　　）

3. あなたは友達を信用しなくてはならないです。　（　　　　　　　　　　　）

4. あなたはいつ行くつもりですか。　（　　　　　　　　　　　）

5. あなたは何を食べたいですか。　（　　　　　　　　　　　）

◆ 会　話 ◆

① 海外旅行（出国旅行）

A：要是 去 外国 的 话，你 想 去 哪儿？
B：我 想 去 印度。你 呢？
A：我 想 去 意大利。

A：Yàoshi qù wàiguó de huà, nǐ xiǎng qù nǎr?
B：Wǒ xiǎng qù Yìndù. Nǐ ne?
A：Wǒ xiǎng qù Yìdàlì.

② 夏休みの予定（暑假的计划）

A：暑假 你 打算 怎么 过？
B：我 打算 回 老家。你 呢？
A：我 得 打工。

A：Shǔjià nǐ dǎsuan zěnme guò?
B：Wǒ dǎsuan huí lǎojiā. Nǐ ne?
A：Wǒ děi dǎgōng.

③ HSKの準備（准备考HSK）

A：我 要 考 HSK。你 说，我 应该 怎么办？
B：你 应该 买 一本 练习题集，好好儿 做题。
A：谢谢。

A：Wǒ yào kǎo HSK. Nǐ shuō, wǒ yīnggāi zěnme bàn?
B：Nǐ yīnggāi mǎi yìběn liànxítíjí, hǎohāor zuòtí.
A：Xièxie.

④ 日曜日も仕事（星期天也上班）

A：明天 是 星期天。我们 看 电影，怎么样？
B：对不起。我 明天 得 上班。
A：是 吗？那 下星期天 去 吧。

A：Míngtiān shì xīngqītiān. Wǒmen kàn diànyǐng, zěnmeyàng?
B：Duìbuqǐ. Wǒ míngtiān děi shàngbān.
A：Shì ma? Nà xiàxīngqītiān qù ba.

まとめの練習

1 （　）に適当な中国語を入れましょう。（　）に入る漢字は一字とは限りません。

① もし、明日雨が降ったら、私たちはどこへ行こうか。

（　　　　　）明天下雨，我们去哪儿？

② よく休んで。

你（　　　　　）休息吧。

③ あなたは明日、仕事しなくてもいいです。

你明天（　　　　　）工作。

④ 明日はあなたの誕生日，どうしようか（どうやって過ごそうか）。

明天是你的生日，打算（　　　　　）？

⑤ 私たち一緒にデパートに行くというのはどうだい。

我们一起去百货大楼，（　　　　　）？

2 単語を並べ替えて中国語の文を作りましょう。

① あなたは何をしたいのですか。　　　　（你／什么／干／想／？）

② あなたは試合に参加するつもりですか。　（打算／你／参加／比赛／吗／？）

③ あなたは部屋を整理するべきです。　　（你／房间／收拾／应该／。）

④ 私は彼女を手伝わなければならないです。（她／我／帮／得／。）

⑤ あなたは彼に会いたくないのですか。　（想／你／不／见／他／吗／？）

第9課　彼女はバイオリンを弾けます。

❖この課で学ぶこと

● 助動詞 "会"・"能"・"可以"

❶ 彼女はバイオリンを弾けます。

主語	"会"	動詞	目的語
她（Tā）	会（huì）	拉（lā）	小提琴。（xiǎotíqín.）

※ "会"：は「（技術・学問など学んで）〜できる」

▶否定文

主語＋"不会"＋動詞＋目的語。

　她 不会 拉 小提琴。
　Tā búhuì lā xiǎotíqín.
　（彼女はバイオリンを弾けません。）

▶疑問文

主語＋"会"＋動詞＋目的語＋"吗"?

　她 会 拉 小提琴 吗?
　Tā huì lā xiǎotíqín ma?
　（彼女はバイオリンを弾けますか。）

主語＋"会不会"＋動詞＋目的語?

　她 会不会 拉 小提琴?
　Tā huìbuhuì lā xiǎotíqín?
　（彼女はバイオリンを弾けますか。）

主語＋"不会"＋動詞＋目的語＋"吗"?

　她 不会 拉 小提琴 吗?
　Tā búhuì lā xiǎotíqín ma?
　（彼女はバイオリンを弾けないのですか。）

第9課

書いてみよう（1）

✓ 単語

- □游泳　yóuyǒng　泳ぐ
- □爷爷　yéye　祖父
- □滑冰　huábīng　スケート
- □骑　qí　（バイクなどに）乗る、運転する
- □摩托车　mótuōchē　バイク
- □滑雪　huáxuě　スキー
- □打　dǎ　（セーターなどを）編む
- □毛衣　máoyī　セーター

1. 私は泳げます。　　　　　　　　　　（　　　　　　　　　　　　　　　　　）

2. 私のおじいちゃんはスケートができます。　（　　　　　　　　　　　　　　　　　）

3. 私のおばあちゃんはバイクに乗れます（運転できます）。　（　　　　　　　　　　　　　　　　　）

4. あなたはスキーができますか。　　　（　　　　　　　　　　　　　　　　　）

5. 私のお姉さんはセーターを編めます。　（　　　　　　　　　　　　　　　　　）

❷ 私は白酒を飲めます。

主語	"能"	動詞	目的語。
我（Wǒ）	能（néng）	喝（hē）	白酒。（báijiǔ.）

※ "能"：「（体力的・能力的・条件的などで）～できる」

▶否定文

主語＋"不能"＋動詞＋目的語。　　　我　不能　喝　白酒。　Wǒ bùnéng hē báijiǔ.
（私は白酒を飲めません。）

▶疑問文

主語＋"能"＋動詞＋目的語＋"吗"？　你　能　喝　白酒　吗？　Nǐ néng hē báijiǔ ma?
（あなたは白酒を飲めますか。）

主語＋"能不能"＋動詞＋目的語？　你　能不能　喝　白酒？
Nǐ néngbunéng hē báijiǔ?
（あなたは白酒を飲めますか。）

主語＋"不能"＋動詞＋目的語＋"吗"？　你　不能　喝　白酒　吗？
Nǐ bùnéng hē báijiǔ ma?
（あなたは白酒を飲めないのですか。）

書いてみよう（2）

✓ 単語
- □ 碗　wǎn　量詞　お椀などに入ったものを数える
- □ 一天　yìtiān　一日
- □ 同意　tóngyì　同意する
- □ 面条　miàntiáo　うどん、メン類
- □ 走　zǒu　歩く
- □ 今天　jīntiān　今日
- □ 公里　gōnglǐ　キロ
- □ 上课　shàngkè　授業に出る

1. 私はメンを五杯食べられます。　（　　　　　　　　　　　　　）

2. 私は一日に20キロ歩けます。　（　　　　　　　　　　　　　）

3. あなたは来られますか。　（　　　　　　　　　　　　　）

4. 私は同意できない。　（　　　　　　　　　　　　　）

5. 私は今日、授業に出られません。　（　　　　　　　　　　　　　）

❸ **あなたは参加してもいいです。**

主語	"可以"	動詞。
你（Nǐ）	可以（kěyǐ）	参加。（cānjiā.）

※ "可以"：「（条件的に、許可されて）～できる」

▶ 否定文

主語 ＋ "不能" ＋ 動詞。　　　你 不能 参加。　Nǐ bùnéng cānjiā.
（あなたは参加してはいけません。）

▶ 疑問文

主語 ＋ "可以" ＋ 動詞 ＋ "吗"？　　　我 可以 参加 吗？　Wǒ kěyǐ cānjiā ma?
（私は参加できますか。）

主語 ＋ "可以不可以" ＋ 動詞？　　　我 可以不可以 参加？　Wǒ kěyǐbukěyǐ cānjiā?
（私は参加できますか。）

主語 ＋ "不能" ＋ 動詞 ＋ "吗"？　　　我 不能 参加 吗？　Wǒ bùnéng cānjiā ma?
（私は参加できませんか。）

第9課

書いてみよう（3）

✓ **単語**
- □电视　diànshì　テレビ
- □出门儿　chūménr　外出する
- □试　shì　試す
- □照相　zhàoxiàng　写真を撮る

1. あなたはテレビを見てもいいですよ。　（　　　　　　　　　　　　）

2. あなたは外出してもいいですよ。　（　　　　　　　　　　　　）

3. あなたはちょっと試していいですよ。　（　　　　　　　　　　　　）

4. 私はちょっと見ていいですか。　（　　　　　　　　　　　　）

5. 写真を撮っていいですか。　（　　　　　　　　　　　　）

◆ 会　话 ◆

① 病欠（病假）

A：今天 她 怎么 没来？
B：她 感冒 了，很 严重，恐怕 不能 来 了。
A：那 怎么办？今天 的 考试 很 重要。

A：Jīntiān tā zěnme méilái?
B：Tā gǎnmào le, hěn yánzhòng, kǒngpà bùnéng lái le.
A：Nà zěnmebàn? Jīntiān de kǎoshì hěn zhòngyào.

② 取材（采访）

A：您好！您 会 说 汉语 吗？
B：会 说 一点儿。您 是…？
A：我 是 电视台 的 记者。我 能不能 问 几个 问题？

A：Nín hǎo! Nín huì shuō Hànyǔ ma?
B：Huì shuō yìdiǎnr. Nín shì…?
A：Wǒ shì diànshìtái de jìzhě. Wǒ néngbunéng wèn jǐge wèntí?

③ どこでできる（哪儿可以打？）

A：请 问 这儿 可以 打 网球 吗？
B：不行。体育馆 里 不能 打 网球。操场 可以 打。

A：Qǐng wèn zhèr kěyǐ dǎ wǎngqiú ma?
B：Bùxíng. Tǐyùguǎn lǐ bùnéng dǎ wǎngqiú. Cāochǎng kěyǐ dǎ.

④ 一杯飲もうよ（喝一杯吧）

A：今晚 我们 喝 一杯 吧。
B：不行。今天 特别 忙。连 吃饭 的 时间 都 没有。

A：Jīnwǎn wǒmen hē yìbēi ba.
B：Bùxíng. Jīntiān tèbié máng. Lián chī fàn de shíjiān dōu méiyǒu.

60

まとめの練習

1 （　）に適当な中国語を入れましょう。（　）に入る漢字は一字とは限りません。

① 彼女はおそらく怒っていると思います。
　　她（　　　　）生气了。

② 私の弟さえ、私を笑いました。
　　（　　　　）我弟弟（　　　　）笑我了。

③ おたずねしますが、食堂はどこでしょうか。
　　（　　　　），食堂在哪儿？

④ 図書館内で物を食べることはできません。
　　（　　　　）不能吃东西。

⑤ 先生、辞書を使ってもいいですか。
　　老师，（　　　　）用词典？

2 単語を並べ替えて中国語の文を作りましょう。

① あなたはダンスできますか。　　　（会／你／吗／跳舞／？）

② 私はあなたを信用できないです。　　（你／我／相信／能／不／。）

③ 私に何ができるのですか。　　　　（什么／我／做／呢／能／？）

④ 私は英語を少し話すことができます。（说／会／一点儿／英语／我／。）

⑤ 私はタバコを吸ってもいいですか。　（抽烟／我／吗／可以／？）

第9課

61

第10課 私は動物園に行ってパンダを見ます。

❖ この課で学ぶこと

- 《 主語 + 動詞① + 目的語① + 動詞② + 目的語②。》
- 《 主語 + 動詞① + 動詞② + 目的語。》
- 《 主語 + "有" + 目的語① + 動詞 + 目的語②。》
- 《 主語 + "让／叫" + 動詞の実行者 + 動詞 + 目的語。》　● 様態補語

❶ 私は動物園に行ってパンダを見ます。

主語	動詞①	目的語①	動詞②	目的語②
我 (Wǒ)	去 (qù)	动物园 (dòngwùyuán)	看 (kàn)	熊猫。(xióngmāo.)

▶否定文

我 不去 动物园 看 熊猫。　Wǒ búqù dòngwùyuán kàn xióngmāo?
（私は動物園に行ってパンダを見ません。）

▶疑問文

你 去 动物园 看 熊猫 吗？　Nǐ qù dòngwùyuán kàn xióngmāo ma?
（あなたは動物園に行ってパンダを見ますか。）

你 去不去 动物园 看 熊猫。　Nǐ qùbuqù dòngwùyuán kàn xióngmāo?
（あなたは動物園に行ってパンダを見ますか。）

❷ 私は映画を見に行きます。

主語	動詞①	動詞②	目的語。
我 (Wǒ)	去 (qù)	看 (kàn)	电影。(diànyǐng.)

▶否定文

我 不去 看 电影。　Wǒ búqù kàn diànyǐng?（私は映画を見に行きません。）

▶疑問文

你 去 看 电影 吗？　Nǐ qù kàn diànyǐng ma?（あなたは映画を見に行きますか。）
你 去不去 看 电影？　Nǐ qùbuqù kàn diànyǐng?（あなたは映画を見に行きますか。）

❸ 私には車を買うお金があります。

主語	"有"	目的語①	動詞	目的語②。
我 (Wǒ)	有 (yǒu)	钱 (qián)	买 (mǎi)	汽车。(qìchē.)

▶否定文

我 没有 钱 买 汽车。　Wǒ méiyǒu qián mǎi qìchē.（私には車を買うお金がないです。）

▶疑問文

你 有 钱 买 汽车 吗？　Nǐ yǒu qián mǎi qìchē ma?（あなたには車を買うお金がありますか。）
你 有没有 钱 买 汽车？　Nǐ yǒuméiyǒu qián mǎi qìchē?（あなたには車を買うお金がありますか。）

第10課

書いてみよう（1）

✓ 単語

- □ 用 yòng 使う
- □ 汗 hàn 汗
- □ 文章 wénzhāng 文章
- □ 上网 shàngwǎng ネットに接続する
- □ 奶奶 nǎinai おばあちゃん
- □ 玩儿 wánr 遊ぶ
- □ 毛巾 máojīn タオル
- □ 电脑 diànnǎo コンピュータ
- □ 每天 měitiān 毎日
- □ 公园 gōngyuán 公園
- □ 擦 cā 拭く
- □ 写 xiě 書く
- □ 早上 zǎoshang 朝
- □ 新闻 xīnwén ニュース
- □ 散步 sànbù 散歩する

1. タオルで汗を拭きます。　　　（　　　　　　　　　　　　　　　）

2. コンピュータを使って文章を書きます。　（　　　　　　　　　　　　　　　）

3. 私は毎朝ネットでニュースを見ます。　（　　　　　　　　　　　　　　　）

4. 私のおばあちゃんは毎日、公園に行って散歩します。　（　　　　　　　　　　　　　　　）

5. 私には遊ぶ時間がないです。　（　　　　　　　　　　　　　　　）

❹ 先生は私たちにテキストを音読させます。

主語	"让／叫"	動詞の実行者	動詞	目的語
老师 (Lǎoshī)	让 (ràng)	我们 (wǒmen)	念 (niàn)	课文。(kèwén.)

※叫 jiào

▶否定文

主語 ＋ "不让／不叫" ＋ 動詞の実行者 ＋ 動詞 ＋ 目的語。

我 不 让 他 用 我 的 电脑。
Wǒ búràng tā yòng wǒ de diànnǎo.
（私は彼に私のコンピュータを使わせないです。）

▶疑問文

主語 ＋ "让／叫" ＋ 動詞の実行者 ＋ 動詞 ＋ 目的語 ＋ "吗"？

你 让 他 用 你 的 电脑 吗？
Nǐ ràng tā yòng nǐ de diànnǎo ma?
（あなたは彼にあなたのコンピュータを使わせますか。）

主語 ＋ "让不让／叫不叫" ＋ 動詞の実行者 ＋ 動詞 ＋ 目的語？

你 让不让 他 用 你 的 电脑？
Nǐ rràngburàng tā yòng nǐ de diànnǎo?
（あなたは彼にあなたのコンピュータを使わせますか。）

▶禁止

"别／不要"+"让／叫"+ 動詞の実行者 + 動詞 + 目的語 。

別 让 他 用 我 的 电脑。
Bié ràng tā yòng wǒ de diànnǎo.

(彼に私のコンピュータを使わせないで。)

書いてみよう（2）

✓ 単語

- □想　xiǎng　考える
- □走　zǒu　行く、歩く
- □抽烟　chōuyān　タバコを吸う
- □买东西　mǎidōngxi　買い物をする
- □男朋友　nánpéngyou　彼氏
- □开车　kāichē　車を運転する

1. 私にちょっと考えさせて。　　　　（　　　　　　　　　　　　　）

2. 彼に買い物に行かせる。　　　　　（　　　　　　　　　　　　　）

3. 私はあなたを行かせません。　　　（　　　　　　　　　　　　　）

4. あなたは自分の彼氏にタバコを吸わせますか。（　　　　　　　　　　　　　）

5. 彼に車の運転をさせるな。　　　　（　　　　　　　　　　　　　）

---

❺ 様態補語

●読むのが速い

動詞	"得"	様態補語
看	得	很快

- 穿 得 很 多 chuān de hěn duō
  （厚着している）
- 来 得 很 早 lái de hěn zǎo
  （来るのが早い）
- 写 得 很 清楚 xiě de hěn qīngchu
  （はっきり書いてある）
- 走 得 很 慢 zǒu de hěn màn
  （歩くのが遅い）

- 卖 得 很 好 mài de hěn hǎo
  （よく売れている）
- 洗 得 很 干净 xǐ de hěn gānjìng
  （きれいに洗う）
- 听 得 很 清楚 tīng de hěn qīngchu
  （はっきり聞こえる）
- 笑 得 很 可爱 xiào de hěn kě'ài
  （笑顔が可愛い）

▶否定

動詞 + "得" + "不" + 形容詞　　吃 得 不 多。　Chī de bùduō（食べるのが多くない。）

▶疑問

|動詞|+"得"+|形容詞|+"不"+|形容詞|　　吃 得 多不多？　Chī de duōbuduō?
　　　　　　　　　　　　　　　　　　（食べるのは多いですか。）

|動詞|+"得"+|形容詞|+"吗"?　　　　　吃 得 多 吗？　Chī de duō ma?
　　　　　　　　　　　　　　　　　　（食べるのは多いですか。）

|動詞|+"得"+"不"+|形容詞|+"吗"?　　吃 得 不多 吗？　Chī de bùduō ma?
　　　　　　　　　　　　　　　　　　（食べるのは多くないのですか。）

|動詞|+"得"+"怎么样"?　　　　　　　唱 得 怎么样？　Chàng de zěnmeyàng?
　　　　　　　　　　　　　　　　　　（歌はどうですか。〈歌唱力などについての質問〉）

❻ 彼女はゴルフが上手です。

主語	動詞	目的語	動詞	"得"	形容詞 。
她（Tā）	打（dǎ）	高尔夫球（gāo'ěrfūqiú）	打（dǎ）	得（de）	很好。(hěnhǎo.)

・打 得 很 好。　Dǎ de hěn hǎo.（(ゴルフが) 上手です。）
・她 打 得 很 好。　Tā dǎ de hěn hǎo.（彼女は（ゴルフが）上手です。）
・高尔夫球 打 得 很 好。　Gāo'ěrfūqiú dǎ de hěn hǎo.（ゴルフが上手です。）
・打 高尔夫球 打 得 很 好。　Dǎ gāo'ěrfūqiú dǎ de hěn hǎo.（ゴルフが上手です。）
・她 高尔夫球 打 得 很 好。　Tā gāo'ěrfūqiú dǎ de hěn hǎo.（彼女はゴルフが上手です。）

書いてみよう（3）

✓ 単語

□跑　pǎo　走る　　　　　□快　kuài　速い　　　　　　□说　shuō　話す
□汉语　Hànyǔ　中国語　　□流利　liúlì　流暢だ　　　　□打扫　dǎsǎo　掃除する
□干净　gānjìng　きれい　 □踢　tī　（サッカー）をする　□足球　zúqiú　サッカー
□起　qǐ　起きる　　　　　□晚　wǎn　遅い

1. 彼は走るのが速いです。　　　　　（　　　　　　　　　　　　　　　　　）

2. 彼女は中国語を流暢に話します。　（　　　　　　　　　　　　　　　　　）

3. きれいに掃除してあります。　　　（　　　　　　　　　　　　　　　　　）

4. 私の弟はサッカーが上手です。　　（　　　　　　　　　　　　　　　　　）

5. 彼は毎日起きるのが遅いです。　　（　　　　　　　　　　　　　　　　　）

◆ 会　話 ◆

① 病院へ（去医院）

A：你 去 哪儿？
B：我 去 医院。
A：你 去 医院 干 什么？
B：我 去 医院 检查 身体。

A：Nǐ qù nǎr?
B：Wǒ qù yīyuàn.
A：Nǐ qù yīyuàn gàn shénme?
B：Wǒ qù yīyuàn jiǎnchá shēntǐ.

② お泊り（住朋友家）

A：已经 这么 晚 了，你 今天 住 我家 吧。
B：不，我 让 弟弟 来 接 我。
A：你 还是 住 我家 吧。我们 好好儿 聊一聊。

A：Yǐjīng zhème wǎn le, nǐ jīntiān zhù wǒ jiā ba.
B：Bù, wǒ ràng dìdi lái jiē wǒ.
A：Nǐ háishì zhù wǒ jiā ba. Wǒmen hǎohāor liáoyiliáo.

③ 英語の勉強（学习英语）

A：他 英语 学 得 怎么样？
B：学 得 特别 认真。
A：说 得 怎么样？
B：很 一般。

A：Tā Yīngyǔ xué de zěnmeyàng?
B：Xué de tèbié rènzhēn.
A：Shuō de zěnmeyàng?
B：Hěn yìbān.

④ 国際電話（国际电话）

A：喂，你好，你 是 哪位？
B：是 我。我 现在 在 巴黎。
A：你 玩儿 得 怎么样？
B：我 玩儿 得 特别 高兴。

A：Wèi, nǐhǎo, nǐ shì nǎwèi?
B：Shì wǒ. Wǒ xiànzài zài Bālí.
A：Nǐ wánr de zěnmeyàng?
B：Wǒ wánr de tèbié gāoxìng.

まとめの練習

1　（　）に適当な中国語を入れましょう。（　）に入る漢字は一字とは限りません。

① 私たちは外で食事します。
　　我们去（　　　　）吃饭。

② お兄さんはバスに乗って学校に行きます。
　　哥哥（　　　　）公共汽车（　　　　）学校。

③ お父さんは海に行って釣りをします。
　　爸爸（　　　　）海边儿（　　　　）。

④ バイクに乗って街に出ます。
　　（　　　　）摩托车（　　　　）街。

⑤ 箸を使って食べます。
　　（　　　　）筷子（　　　　）。

2　単語を並べ替えて中国語の文を作りましょう。

① 子供たちには遊ぶ場所がないです。　　　　（没有／玩儿／孩子们／地方／。）

② 子供に川で水遊びをさせるな。　　　　（孩子／让／河边儿／去／玩儿／水／别／。）

③ 私は北海道に行ってスキーをするつもりです。（要／我／去／滑雪／北海道／。）

④ 彼が作る中華料理はおいしいです。　　　　（中国菜／他／很好吃／做／做／得／。）

⑤ 彼の病気は重いです。　　　　（病／他／得／厉害／很／。）

第11課　本を買って帰ってきます。

❖この課で学ぶこと

- 方向補語　● 結果補語　● 可能補語

❶ 方向補語（単純）

▶ 動詞 + "来 / 去"

・出来　chūlai　　・出去　chūqu　　・回来　huílai　　・回去　huíqu
・进来　jìnlai　　・进去　jìnqu　　・过来　guòlai　　・过去　guòqu
・上来　shànglai　・上去　shàngqu　・下来　xiàlai　　・下去　xiàqu
・起来　qǐlai　　 ・带来　dàilai　　・带去　dàiqu

● 部屋に入って行きます。

動詞	場所目的語	"来 / 去"
进 (Jìn)	屋子 (wūzi)	去。(qu.)

※ 場所目的語 は "来 / 去" の前に置きます。

● お金を持って来ます。

動詞	モノ目的語	"来 / 去"	動詞	"来 / 去"	モノ目的語
带 (Dài)	钱 (qián)	来。(lai.)	带 (Dài)	来 (lai)	钱。(qián.)

※ モノ目的語 は "来 / 去" の前後どちらにも置けます。

❷ 方向補語（複合）

▶ 動詞 + "上 / 下 / 进 / 出 / 回 / 过 / 起" + "来 / 去"。

・带回来　dàihuílai　　・飞过去　fēiguòqu　　・拿出来　náchūlai　　・爬上去　páshàngqu
・跑过来　pǎoguòlai　　・站起来　zhànqǐlai　　・走进来　zǒujìnlai

● 教室に駆け込んで来ます。

動詞	"上 / 下 / 进 / 出 / 回 / 过 / 起"	場所目的語	"来 / 去"
跑 (Pǎo)	进 (jìn)	教室 (jiàoshì)	来。(lai.)

※ 場所目的語 は "来 / 去" の前に置きます。

● 本を買って帰って来ます。

動詞	"上 / 下 / 进 / 出 / 回 / 过 / 起"	モノ目的語	"来 / 去"
买 (Mǎi)	回 (huí)	一本 书 (yìběn shū)	来。(lai.)

第11課

動詞	"上/下/进/出/回/过/起"	"来/去"	モノ目的語 |。
买 (Mǎi)	回 (huí)	来 (lai)	一本 书。(yìběn shū.)

※ モノ目的語 は"来/去"の前後どちらにも置けます。

書いてみよう（1）

✓ 単語

- □ 回　huí　帰る
- □ 家　jiā　家
- □ 笔记本电脑　bǐjìběndiànnǎo　ノートパソコン
- □ 爸爸　bàba　お父さん
- □ 洗手间　xǐshǒujiān　トイレ
- □ 蛋糕　dàn'gāo　ケーキ

1. 入って来て。　　　　　　　　　（　　　　　　　　　　　　　）

2. 彼女は家に帰って行きました。　（　　　　　　　　　　　　　）

3. 私はノートパソコンを持って来ました。（　　　　　　　　　　）

4. 彼はトイレに駆け込んで行きました。（　　　　　　　　　　　）

5. お父さんがケーキを買って帰って来ました。（　　　　　　　　）

❸ 結果補語

● 読み終わる

動詞	結果補語
看 (kàn)	完 (wán)

- 吃完　chīwán
  （食べ終わる）
- 看见／到　kànjiàn／dào
  （見える）
- 听懂　tīngdǒng
  （聞いて分かる）
- 打扫干净　dǎsǎogānjìng
  （掃除してきれいにする）
- 找到　zhǎodào
  （見つけ出す）

- 写好／完　xiěhǎo／wán
  （書き終わる）
- 听见／到　tīngjiàn／dào
  （聞こえる）
- 买到　mǎidào
  （買って手に入れる）
- 说清楚　shuōqīngchu
  （はっきり言う）

- 做好／完　zuòhǎo／wán
  （完成する、やり終わる）
- 看懂　kàndǒng
  （見て分かる）
- 记住　jìzhu
  （覚える）
- 学会　xuéhuì
  （習得する）

❹ 私は手紙を一通書き終えました。

主語	動詞	結果補語	"了"	目的語
我（Wǒ）	写（xiě）	完（wán）	了（le）	一封 信。(yìfēng xìn.)

書いてみよう（2）

✓ 単語

□找 zhǎo 探す　　　　　□写 xiě （宿題を）する　　　□作业 zuòyè 宿題
□还没（有） háiméi (yǒu) まだ〜していない　　　　　　□喝 hē 飲む
□洗 xǐ 洗う　　　　　　□歌声 gēshēng 歌声

1. 見つかりました。　　　　　　　（　　　　　　　　　　　　　　　　　　）

2. 宿題は終わりましたか。　　　　（　　　　　　　　　　　　　　　　　　）

3. まだ飲み終わっていません。　　（　　　　　　　　　　　　　　　　　　）

4. 私は服をきれいに洗いました。　（　　　　　　　　　　　　　　　　　　）

5. 彼女の歌声が聞こえました。　　（　　　　　　　　　　　　　　　　　　）

❺ 可能補語

食べ終えられる。

動詞	"得"	補語
吃（chī）	得（de）	完。(wán.)

食べ終えられない。

動詞	"不"	補語
吃（chī）	不（bu）	完。(wán.)

登れる。

動詞	"得"	補語
爬（pá）	得（de）	上来。(shànglai.)

登れない。

動詞	"不"	補語
爬（pá）	不（bu）	上来。(shànglai.)

・吃（得／不）下 chī (de／bu) xià
　（〈お腹の空き具合によって〉食べられる／食べられない）
・看（得／不）见 kàn (de／bu) jiàn
　（見える／見えない）
・来（得／不）及 lái (de／bu) jí
　（間にあう／間にあわない）
・买（得／不）起 mǎi (de／bu) qǐ
　（〈経済力により〉買える／買えない）

・搬（得／不）动 bān (de／bu) dòng
　（運べる／運べない）
・看（得／不）下去 kàn (de／bu) xiàqù
　（見続けられる／見続けられない）
・买（得／不）到 mǎi (de／bu) dào
　（〈買って〉入手できる／入手できない）
・受（得／不）了 shòu (de／bu) liǎo
　（我慢できる／我慢できない）

・听（得／不）懂　tīng (de／bu) dǒng
　（聞いて理解できる／聞いて理解できない）

・坐（得／不）下　zuò (de／bu) xià
　（〈部屋の容量などで〉座れる／座れない）

▶疑問

動詞＋"得"＋補語＋"吗"？　　　　　看得懂 吗？　Kàndedǒng ma?
　　　　　　　　　　　　　　　　　（見て理解できますか）

動詞＋"得"＋補語＋動詞＋"不"＋補語？　看得懂 看不懂？　Kàndedǒng kànbudǒng?
　　　　　　　　　　　　　　　　　（見て理解できますか）

動詞＋"不"＋補語＋"吗"？　　　　　看不懂 吗？　Kànbudǒng ma?
　　　　　　　　　　　　　　　　　（見て理解できないのですか）

書いてみよう（3）

✓ **単語**

□站　zhàn　立つ　　　　　□穿　chuān　着る　　　　　□声音　shēngyīn　音
□资料　zīliào　資料

【補語】
□站起来　zhànqǐlai　立ち上がる　　□穿上　chuānshang　着て身に着ける

1. 立ち上がれません。　　　　　（　　　　　　　　　　　　　　　）

2. 着られません。　　　　　　　（　　　　　　　　　　　　　　　）

3. 私はあなたが書いた字は読めません。（　　　　　　　　　　　　　）

4. 音が小さすぎて聞こえません。（　　　　　　　　　　　　　　　）

5. 私はこんなにたくさんの資料を読み終えることはできません。（　　　　　　　　　　　）

会　话

① 弁当を持って来た（带饭来了）

A：午饭，我们 出去 吃 吧。
B：我 今天 带 饭 来 了。
A：那 你 等 一会儿，我 去 外边儿 买 吃的 回来。

A：Wǔfàn, wǒmen chūqù chī ba.
B：Wǒ jīntiān dài fàn lai le.
A：Nà nǐ děng yíhuìr, wǒ qù wàibianr mǎi chīde huílai.

② 行こうよ（走吧）

A：我 终于 准备好 了。你 呢？
B：我 早已 准备好 了。
A：那 快 走 吧。
B：看完 这个 电视剧 再 走。

A：Wǒ zhōngyú zhǔnbèihǎo le. Nǐ ne?
B：Wǒ zǎoyǐ zhǔnbèi hǎo le.
A：Nà kuài zǒu ba.
B：Kànwán zhège diànshìjù zài zǒu.

③ 食べて、飲んで（吃呀，喝呀！）

A：来，再 喝 一杯 吧。
B：我 喝多 了。再 也 喝不下 了。
A：那 再 吃 一点儿 菜 吧。
B：谢谢，我 已经 吃饱 了。

A：Lái, zài hē yìbēi ba.
B：Wǒ hēduō le. Zài yě hēbuxià le.
A：Nà zài chī yìdiǎnr cài ba.
B：Xiè xie, wǒ yǐjing chībǎo le.

④ 試験の準備（准备考试）

A：考试 准备 得 怎么样？
B：我 记不住 这么 多 单词。
A：别 着急，慢慢儿 来。能 记 多少 就 记 多少 吧。

A：Kǎoshì zhǔnbèi de zěnmeyàng?
B：Wǒ jìbuzhù zhème duō dāncí.
A：Bié zháojí, mànmānr lái. Néng jì duōshao jiù jì duōshao ba.

第11課

まとめの練習

1 （　）に適当な中国語を入れましょう。（　）に入る漢字は一字とは限りません。

① 食べられるだけ、食べて。
　　能吃（　　　　）就吃（　　　　　）吧。

② ゆっくり読んでね。
　　（　　　　　）看吧。

③ 彼はとっくに帰ってきている。
　　他（　　　　　）回来了。

④ ちょっと待って。
　　等（　　　　　）。

⑤ 私は飲み物がほしいです。
　　我要喝（　　　　　）。

2 単語を並べ替えて中国語の文を作りましょう。

① サングラスをかけなよ。　　　　　　　（上／戴／太阳镜／吧／。）

② 私は彼女を（家まで）送っていくつもりです。（我／她／送／回／去／要／。）

③ 私はようやくこの小説を買いました。　（买／终于／我／本／这／了／小说／到／。）

④ あんなに高いお酒は飲めません。　　　（那么／我／起／不／喝／酒／贵／的／。）

⑤ 私は今日行けなくなりました。　　　　（不了／我／去／今天／了／。）

第12課 私はあなたにお金を返します。

❖この課で学ぶこと

- 《 主語 + 動詞 + 目的語① + 目的語② 。》
- 比較
- 介詞 "和"・"跟"・"给"

❶ 私はあなたにお金を返します。

主語	動詞	目的語①	目的語②
我（Wǒ）	还（huán）	你（nǐ）	钱。(qián.)

〈二重目的語を取る動詞〉

告诉 gàosu　　给 gěi　　教 jiāo　　叫 jiào　　送 sòng　　通知 tōngzhī　　问 wèn

書いてみよう（1）

✓ 単語

- □朋友　péngyou　友達
- □块儿　kuàir　量詞　塊状のものを数える
- □巧克力　qiǎokèlì　チョコレート
- □问题　wèntí　問題
- □告诉　gàosu　教える、伝える
- □教　jiāo　教える
- □问　wèn　質問する
- □家里人　jiālirén　家の人、家族
- □叫　jiào　呼ぶ
- □秘密　mìmì　秘密

1. 私の中国人の友だちが私に中国語を教えます。（　　　　　　　　　　）
2. 私はあなたにチョコレートを一つあげます。（　　　　　　　　　　）
3. 私はあなたにいくつかの問題を質問したいです。（　　　　　　　　　　）
4. 家の人は私を楽楽（乐乐 lèle）と呼びます。（　　　　　　　　　　）
5. 私はあなたに一つの秘密を教えます。（　　　　　　　　　　）

❷ 比較

- 彼は私より太っています。

主語	"比"	比較の対象	形容詞。
他（Tā）	比（bǐ）	我（wǒ）	胖。(pàng.)

● 彼は私より少し太っています。

主語	"比"	比較の対象	形容詞	差
他（Tā）	比（bǐ）	我（wǒ）	胖（pàng）	一点儿。(yìdiǎnr.)

● 彼は私よりずっと太っています。

主語	"比"	比較の対象	形容詞	差
他（Tā）	比（bǐ）	我（wǒ）	胖（pàng）	得多。(deduō.)／多了。(duōle.)

● 彼は私よりさらに太っています。

主語	"比"	比較の対象	"更／还"	形容詞
他（Tā）	比（bǐ）	我（wǒ）	更（gèng）	胖。(pàng.)

▶否定

主語＋"没有"＋比較の対象＋("这么／那么")＋形容詞。

　　　他 没有 我 胖。　Tā méiyǒu wǒ pàng.（彼は私ほど太っていません。）
　　　他 没有 我 这么 胖。Tā méiyǒu wǒ zhème pàng.（彼は私ほど太っていません。）
　　　我 没有 他 那么 胖。Wǒ méiyǒu tā nàme pàng.（私は彼ほど太っていません。）

主語＋"不比"＋比較の対象＋形容詞。

　　　他 不比 我 胖。　Tā bùbǐ wǒ pàng.（彼は私より太ってはいません。）

※「私のほうが太っている」可能性もありますが、「彼と私が同じである」可能性もあります。

▶疑問

主語＋"比"＋比較の対象＋形容詞＋"吗"？

　　　他 比 我 胖 吗？　Tā bǐ wǒ pàng ma?（彼は私より太っていますか。）

主語＋"有没有"＋比較の対象＋("这么／那么")＋形容詞？

　　　他 有没有 我 胖？　Tā yǒuméiyǒu wǒ pàng?（彼は私ほど太っていますか。）
　　　他 有没有 我 这么 胖？　Tā yǒuméiyǒu wǒ zhème pàng?

　　　　　　　　　　　　　　　（彼は私ほど太っていますか。）

● この花はあの花と同じくらいきれいです。

主語	"和／跟"	比較の対象	"一样"	形容詞
这朵花 (Zhè duǒ huā)	和（hé）	那朵花 (nà duǒ huā)	一样 (yíyàng)	好看。(hǎokàn.)

書いてみよう（2）

✓ 単語

- □个子　gèzi　背たけ
- □现在　xiànzài　現在
- □方便　fāngbiàn　便利
- □暖和　nuǎnhuo　暖かい
- □高　gāo　高い
- □生活　shēnghuó　生活
- □菜　cài　料理
- □聪明　cōngming　頭がいい
- □以前　yǐqián　以前
- □辣　là　辛い

1. 彼は背が私より高いです。　（　　　　　　　　　　　　　　　）

2. 彼女のお姉さんは彼女よりさらに頭がいいです。　（　　　　　　　　　　　　　　　）

3. 現在の生活は以前よりずっと便利です。　（　　　　　　　　　　　　　　　）

4. この料理はあの料理ほど辛くないです。　（　　　　　　　　　　　　　　　）

5. 今日は昨日と同じくらい暖かいです。　（　　　　　　　　　　　　　　　）

❸ 私はあなたに電話します。

主語	"给"	相手	動詞	目的語 。
我 (Wǒ)	给 (gěi)	你 (nǐ)	打 (dǎ)	电话。(diànhuà.)

▶否定

主語 ＋ "不给" ＋ 相手 ＋ 動詞 ＋ 目的語 。

我 不给 他 打 电话。
Wǒ bùgěi tā dǎ diànhuà.
（私は彼に電話をしません。）

▶疑問

主語 ＋ "给" ＋ 相手 ＋ 動詞 ＋ 目的語 ＋ "吗"？

你 给 他 打 电话 吗?
Nǐ gěi tā dǎ diànhuà ma?
（あなたは彼に電話をしますか。）

主語 ＋ "给不给" ＋ 相手 ＋ 動詞 ＋ 目的語 ？

你 给不给 他 打 电话?
Nǐ gěibugěi tā dǎ diànhuà?
（あなたは彼に電話をしますか。）

第12課

❹ **私は彼女と一緒に公園に行きます。**

主語	"和/跟"	相手	"一起"	動詞	目的語
我 (Wǒ)	和 (hé)	她 (tā)	一起 (yìqǐ)	去 (qù)	公园。(gōngyuán.)

▶否定

主語＋"不和"＋相手＋"一起"＋動詞＋目的語。

我 不和 她 一起 去 公园。
Wǒ bùhé tā yìqǐ qù gōngyuán.

（私は彼女と一緒に公園に行きません。）

▶疑問

主語＋"和"＋相手＋"一起"＋動詞＋目的語＋"吗"？

你 和 她 一起 去 公园 吗?
Nǐ hé tā yìqǐ qù gōngyuán ma?

（あなたは彼女と一緒に公園に行きますか。）

書いてみよう（3）

✓ **単語**

- □冰激凌　bīngjīlíng　アイス
- □写　xiě　書く
- □一起　yìqǐ　いっしょに
- □音乐会　yīnyuèhuì　コンサート
- □做　zuò　作る
- □信　xìn　手紙
- □听　tīng　聞く
- □吵架　chǎojià　口けんか
- □菜　cài　料理

1. 私はあなたにアイスを買ってあげます。（　　　　　　　　　　　　　　　）

2. 私はあなたに料理を作ってあげます。（　　　　　　　　　　　　　　　）

3. 私は家の人に手紙を書きません。（　　　　　　　　　　　　　　　）

4. 私はあなたといっしょにコンサートに行きたいです。（　　　　　　　　　　　　　　　）

5. 彼と口げんかをするべきではないです。（　　　　　　　　　　　　　　　）

◆ 会 話 ◆

① おやつ（吃点心）

A：我 有点儿 饿 了。
B：昨天 我 朋友 给 了 我 一盒 点心。我们 一边 喝 茶，一边 吃 点心 吧。

A：Wǒ yǒudiǎnr è le.
B：Zuótiān wǒ péngyou gěi le wǒ yìhé diǎnxin. Wǒmen yìbiān hē chá, yìbiān chī diǎnxin ba.

② 洋服店（服装店）

A：我 能不能 试试 这条 裤子？
B：可以！
A：有没有 跟 这条 款式 一样，比 这条 大 的？
B：有，请 等 一会儿。

A：Wǒ néngbunéng shìshi zhètiáo kùzi?
B：Kěyǐ!
A：Yǒuméiyǒu gēn zhètiáo kuǎnshì yíyàng, bǐ zhètiáo dà de?
B：Yǒu, qǐng děng yíhuìr.

③ 連絡を取り合おう（保持联系）

A：你 快 要 回国 了 吧。
B：还 有 三天。
A：这 是 我 的 电话 号码。回 国 后，你 给 我 打 电话 吧。

A：Nǐ kuài yào huíguó le ba.
B：Hái yǒu sāntiān.
A：Zhè shì wǒ de diànhuà hàomǎ. Huí guó hòu, nǐ gěi wǒ dǎ diànhuà ba.

④ 暑い（很热）

A：最近 一直 很热。
B：对，今天 比 昨天 还 热。
A：咱们 去 游泳，怎么样？
B：好，走 吧。

A：Zuìjìn yìzhí hěnrè.
B：Duì, jīntiān bǐ zuótiān hái rè.
A：Zánmen qù yóuyǒng, zěnmeyàng?
B：Hǎo, zǒu ba.

第12課

まとめの練習

1 （　）に適当な中国語を入れましょう。（　）に入る漢字は一字とは限りません。

① この背広はあれよりさらに高いです。
　　这套西服比那套（　　　　　）贵。

② 彼はテレビを見ながら、勉強します。
　　他（　　　　　）看电视，（　　　　　）学习。

③ 私と彼女は同僚です。
　　我（　　　　　）她是同事。

④ 昨日はずっと雨が降っていました。
　　昨天（　　　　　）下雨。

⑤ 彼女は彼女の姉と同じくらい背が高いです。
　　她和她姐（　　　　　）高。

2 単語を並べ替えて中国語の文を作りましょう。

① 僕の彼女は僕より2歳年上です。　　　　　（两岁／我／女朋友／的／比／大／我／。）

② このセーターはあれほど厚くはないです。　（厚／毛衣／件／没有／那件／那么／这／。）

③ 飛行機は列車よりずっと速いです。　　　　（比／火车／飞机／多／快／了／。）

④ 私たちは私の家の犬を毛毛と呼んでいます。（我们／我家的狗／叫／毛毛／。）

⑤ 私はあなたと一緒に食事したいです。　　　（一起／我／和／你／想／吃／饭／。）

79

第13課 私は図書館で本を読みます。

❖ **この課で学ぶこと**

- 介詞 "在"、"对"、"离"、"从"、"到"
- 存現文

❶ 私は図書館で本を読みます。

主語	"在"	場所	動詞	目的語
我（Wǒ）	在（zài）	图书馆（túshūguǎn）	看（kàn）	书。(shū.)

▶否定

主語 + "不在" + 場所 + 動詞 + 目的語。

我 不在 图书馆 看 书。
Wǒ búzài túshūguǎn kàn shū.
（私は図書館で本を読みません。）

▶疑問

主語 + "在" + 場所 + 動詞 + 目的語 + "吗"？

你 在 图书馆 看 书 吗?
Nǐ zài túshūguǎn kàn shū ma?
（あなたは図書館で本を読みますか。）

主語 + "在不在" + 場所 + 動詞 + 目的語？

你 在不在 图书馆 看 书?
Nǐ zàibuzài túshūguǎn kàn shū?
（あなたは図書館で本を読みますか。）

▶禁止

"别／不要" + "在" + 場所 + 動詞 + 目的語。

别 在 这儿 吃 东西。
Bié zài zhèr chī dōngxi.
（ここで物を食べないで。）

❷ "对" を使った表現

我 对 历史 有 兴趣。 Wǒ duì lìshǐ yǒu xìngqù.
（私は歴史に興味があります。）

▶否定

我 对 历史 没有 兴趣。 Wǒ duì lìshǐ méiyǒu xìngqù.
（私は歴史には興味ありません。）

▶疑問

你 对 历史 有 兴趣 吗? Nǐ duì lìshǐ yǒu xìngqù ma?
（あなたは歴史に興味がありますか。）

第13課

你 对 历史 有没有 兴趣? Nǐ duì lìshǐ yǒuméiyǒu xìngqù?
(あなたは歴史に興味がありますか。)

你 对 他 的 印象 怎么样? Nǐ duì tā de yìnxiàng zěnmeyàng?
(あなたの彼に対する印象はどうですか。)

書いてみよう（1）

✓ 単語

- □超市　chāoshì　スーパー
- □买东西　mǎidōngxi　買い物をする
- □复习　fùxí　復習
- □功课　gōngkè　授業
- □屋子　wūzi　部屋
- □抽烟　chōuyān　タバコを吸う
- □国际　guójì　国際
- □经济　jīngjì　経済

1. 私はスーパーで買い物をします。　（　　　　　　　　　　　　）

2. あなたは家で授業の復習をするべきです。　（　　　　　　　　　　　　）

3. 部屋でタバコを吸わないで。　（　　　　　　　　　　　　）

4. 私は彼に良い印象を持っていません。　（　　　　　　　　　　　　）

5. 私は国際経済に興味があります。　（　　　　　　　　　　　　）

❸ 大学は駅から遠いです。

主語	"离"	起点	…。
大学 (Dàxué)	离 (lí)	车站 (chēzhàn)	很远。(hěnyuǎn.)

▶否定

主語 + "离" + 起点 + "不" + …。　　　大学 离 车站 不远。
　　　　　　　　　　　　　　　　　　Dàxué lí chēzhàn bùyuǎn.
　　　　　　　　　　　　　　　　　　(大学は駅から遠くないです。)

▶疑問

主語 + "离" + 起点 + … + "吗"?　　　大学 离 车站 远 吗?
　　　　　　　　　　　　　　　　　　Dàxué lí chēzhàn yuǎn ma?
　　　　　　　　　　　　　　　　　　(大学は駅から遠いですか。)

主語 + "离" + 起点 + … + "不" + …?　大学 离 车站 远不远?
　　　　　　　　　　　　　　　　　　Dàxué lí chēzhàn yuǎnbuyuǎn?
　　　　　　　　　　　　　　　　　　(大学は駅から遠いですか。)

❹ 大学から駅は遠い。

"从"	起点	"到"	終点	…。
从（Cóng）	大学（dàxué）	到（dào）	车站（chēzhàn）	很远。(hěnyuǎn.)

❺ 明日から（明日から始める）。

"从"	起点	動詞。
从（Cóng）	明天（míngtiān）	开始。(kāishǐ.)

書いてみよう（2）

✓ 単語
- □公司　gōngsī　会社
- □开车时间　kāichēshíjiān　発車時間
- □学习　xuéxí　勉強する
- □家　jiā　量詞、店などを数える
- □近　jìn　近い
- □分钟　fēnzhōng　分間
- □书店　shūdiàn　書店

1. あなたの会社は駅から近いですか。　（　　　　　　　　　　　）

2. 発車時間まであと30分あります。　（　　　　　　　　　　　）

3. 私は4月から中国語を勉強し始めます。（　　　　　　　　　　　）

4. 新宿から原宿までは遠いですか。　（　　　　　　　　　　　）

5. ここからその書店までどうやって行くのですか？　（　　　　　　　　　　　）

❻ 存現文

〈場所を表す語〉

学校　xuéxiào　　图书馆　túshūguǎn　　北京　Běijīng

名詞 +"上／下／里"………

站台上　zhàntáishang　　桌子下　zhuōzixia　　抽屉里　chōutili

● 私の部屋にテレビが一台あります。

場所	"有"	目的語。
我的房间里（Wǒ de fángjiān li）	有（yǒu）	一台 电视。(yìtái diànshì.)

82

第13課

▶否定

| 場所 |＋"没有"＋| 目的語 |。　　　我 的 房间 里 没有 电视。
Wǒ de fángjiān li méiyǒu diànshì.
（私の部屋にテレビはありません。）

▶疑問

| 場所 |＋"有"＋| 目的語 |＋"吗"？　　你 的 房间 里 有 电视 吗?
Nǐ de fángjiān li yǒu diànshì ma?
（あなたの部屋にテレビはありますか。）

| 場所 |＋"有没有"＋| 目的語 |？　　你 的 房间 里 有没有 电视?
Nǐ de fángjiān li yǒuméiyǒu diànshì?
（あなたの部屋にテレビはありますか。）

● 本棚にたくさんの記念品が飾られている。

| 場所 | 動詞＋"着" | 目的語 |。
书架 上（Shūjià shang）　摆着（bǎizhe）　很多 纪念品。(hěnduō jìniànpǐn.)

書いてみよう（3）

✓ 単語

- □ 口袋　kǒudài　ポケット
- □ 冰箱　bīngxiāng　冷蔵庫
- □ 冰块儿　bīngkuàir　氷
- □ 墙　qiáng　壁
- □ 挂　guà　掛ける
- □ 日历　rìlì　カレンダー
- □ 本　běn　量詞　本、ノートなどを数える
- □ 门　mén　門
- □ 门外　ménwài　門の外
- □ 停　tíng　止める
- □ 辆　liàng　量詞、車を数える
- □ 自行车　zìxíngchē　自転車
- □ 手　shǒu　手
- □ 创可贴　chuāngkětiē　バンソウコウ
- □ 贴　tiē　貼る

1. ポケットに何があるのですか。　　（　　　　　　　　　　　　　　　）

2. 冷蔵庫に氷はありますか。　　（　　　　　　　　　　　　　　　）

3. 壁にカレンダーが一部掛かっています。　　（　　　　　　　　　　　　　　　）

4. 門の外に一台の自転車が止まっています。　　（　　　　　　　　　　　　　　　）

5. 手の上にバンソウコウが貼ってあります。　　（　　　　　　　　　　　　　　　）

◆ 会　話 ◆

> ① 電話で（打电话）

A：喂，是 我。你 在 哪儿?
B：我 在 家 呢。
A：你 在 家 干 什么 呢?
B：我 在 家 看 电视 呢。

A：Wèi, shì wǒ. Nǐ zài nǎr?
B：Wǒ zài jiā ne.
A：Nǐ zài jiā gàn shénme ne?
B：Wǒ zài jiā kàn diànshì ne.

> ② ホテルのフロント（在服务台）

A：附近 有没有 法国 餐厅?
B：有 一家。离 这儿 很近。
A：从 这儿 到 那儿 有 多远?
B：大概 走 五分钟 就 能 到。

A：Fùjìn yǒuméiyǒu Fǎguó cāntīng?
B：Yǒu yìjiā. Lí zhèr hěnjìn.
A：Cóng zhèr dào nàr yǒu duōyuǎn?
B：Dàgài zǒu wǔfēnzhōng jiù néng dào.

> ③ マトリョーシカ（俄罗斯套娃）

A：这 个 娃娃 真 可爱。哎，有 声音。里面 还 有 什么?
B：打开 看一看 吧。
A：哟，里面 还 有 一个 娃娃。

A：Zhè ge wáwa zhēn kě'ài. Āi, yǒu shēngyīn. Lǐmian hái yǒu shénme?
B：Dǎkāi kànyikàn ba.
A：Yō, lǐmian hái yǒu yíge wáwa.

> ④ 面倒くさい（觉得麻烦）

A：我 求 你 一件 事儿，好吗?
B：什么 事儿?
A：饭桌 上 放着 一份 报纸。你 帮 我 拿来 吧。
B：你 自己 去 拿 吧。

A：Wǒ qiú nǐ yíjiàn shìr, hǎo ma?
B：Shénme shìr?
A：Fànzhuō shang fàngzhe yífèn bàozhǐ. Nǐ bāng wǒ nálai ba.
B：Nǐ zìjǐ qù ná ba.

まとめの練習

1 （　）に適当な中国語を入れましょう。（　）に入る漢字は一字とは限りません。

① 京都の印象はどうですか。

你（　　　　）京都的印象（　　　　）？

② 引出しの中に一本の万年筆があります。

抽屉里（　　　　）一支钢笔。

③ 社長は事務室にいます。

总经理（　　　　）办公室里。

④ 私の家からコンビニまでは遠いです。

（　　　　）我家（　　　　）便利店很远。

⑤ コンビニは私の家から遠いです。

便利店（　　　　）我家很远。

2 単語を並べ替えて中国語の文を作りましょう。

① 私は普通、家で夕食を食べます。　　　　（一般／晚饭／我／家／吃／在／。）

② 私は中国文学に興味があります。　　　　（我／有／对／兴趣／中国文学／。）

③ ここから西安まではどのくらい遠いのですか。（有／这儿／到／西安／从／多远／？）

④ 郵便局はここから近いですか。　　　　（离／邮局／近／这儿／不近／？）

⑤ ノートの上に名前、誕生日、電話番号が書かれています。

（名字／写／电话号码／本子上／生日／和／着／。）

第14課 テレビをつけて。

❖この課で学ぶこと

- "把"字句　●受身　●《 主語 ＋"是"＋ 場所・人・時・方法など ＋ 動詞 ＋"的"。》

❶ "把"字句

●鍵を机の上に置いて。

"把"	名詞	動詞	"在"	場所
把 (Bǎ)	钥匙 (yàoshi)	放 (fàng)	在 (zai)	桌子上。(zhuōzishang.)

把 日元 换成 人民币。　Bǎ Rìyuán huànchéng Rénmínbì.（日本円を人民元に換えます。）
把 她 送到 她 的 宿舍。　Bǎ tā sòngdào tā de sùshè.（彼女を宿舎まで送ります。）
※ "到"・"在"・"成" が使われる場合、"把"字句を使います。

▶丁寧

"请"＋"把"＋ 名詞 ＋ 動詞 ＋"在"＋ 場所 。

请 把 钥匙 放在 桌子上。
Qǐng bǎ yàoshi fàngzai zhuōzishang.
（鍵を机の上に置いてください。）

▶禁止

"别/不要"＋"把"＋ 名詞 ＋ 動詞 ＋"在"＋ 場所 。

别 把 钥匙 放在 桌子上。
Bié bǎ yàoshi fàngzai zhuōzishang.
（鍵を机の上に置かないで。）

▶否定文

主語 ＋"不把"＋ 名詞 ＋ 動詞 ＋"在"＋ 場所 。

我 不把 钥匙 放在 桌子上。
Wǒ bùbǎ yàoshi fàngzai zhuōzishang.
（私は鍵を机の上に置きません。）

主語 ＋"没(有)把"＋ 名詞 ＋ 動詞 ＋"在"＋ 場所 。

我 没把 钥匙 放在 桌子上。
Wǒ méibǎ yàoshi fàngzai zhuōzishang.
（私は鍵を机の上に置いていません。）

第14課

▶疑問文

"把" + 名詞 + 動詞 + "在" + 場所 + "吗"？　　　把　钥匙　放在　桌子上　吗？
　　　　　　　　　　　　　　　　　　　　　　　Bǎ yàoshi fàngzai zhuōzishang ma?
　　　　　　　　　　　　　　　　　　　　　　　（鍵を机の上に置きますか。）

●テレビをつけて。

　　　　　"把"　　　名詞　　（動詞＋…）。
　　　　　把（Bǎ）　电视（diànshì）　打开。（dǎkāi.）　※"打开电视。"と言い換えられます。

把　桌子　擦　一下。　Bǎ zhuōzi cā yíxià.　※"擦一下桌子。"と言い換えられます。
（机をちょっと拭いて。）

書いてみよう（1）

✓ 単語

- □ 上衣　shàngyī　上着
- □ 挂　guà　掛ける
- □ 衣架　yījià　ハンガー
- □ 扔　rēng　捨てる
- □ 垃圾　lājī　ゴミ
- □ 垃圾桶　lājītǒng　ゴミ箱
- □ 里　li　〜の中
- □ 日文　Rìwén　日本語
- □ 小说　xiǎoshuō　小説
- □ 翻译　fānyì　翻訳する
- □ 中文　Zhōngwén　中国語
- □ 作业　zuòyè　宿題

【結果補語】
- □ 打扫(干净)　dǎsǎo(gānjìng)　掃除してきれいにする
- □ 交(给)〜　jiāo(gěi)　〜に提出する

1. 上着をハンガーに掛けて。　　　（　　　　　　　　　　　　　　）

2. ごみをゴミ箱に棄てます。　　　（　　　　　　　　　　　　　　）

3. 日本語の小説を中国語に翻訳する。（　　　　　　　　　　　　　　）

4. 宿題を先生に提出する。　　　　（　　　　　　　　　　　　　　）

5. 部屋をきれいに掃除する。　　　（　　　　　　　　　　　　　　）

❷ **カメラは彼に持って行かれました。**

主語	"被/叫/让"	動詞の実行主	(動詞+…)。
照相机（Zhàoxiàngjī）	被（bèi）	他（tā）	拿走 了。(názǒu le.)

※叫 jiào、让 ràng

▶否定文

主語 + "没(有)" + "被/叫/让" + 動詞の実行主 + (動詞+…)。

照相机 没(有) 被 他 拿走。
Zhàoxiàngjī méi(yǒu) bèi tā názǒu.
（カメラは彼に持っていかれていません。）

▶疑問文

主語 + "被/叫/让" + 動詞の実行主 + (動詞+…) + "吗"？

照相机 被 他 拿走 了 吗?
Zhàoxiàngjī bèi tā názǒu le ma?
（カメラは彼に持っていかれましたか。）

書いてみよう（2）

✓ 単語

☐ 名字　míngzi　名前
☐ 点心　diǎnxin　お菓子

☐ 孩子　háizi　子ども
☐ 钱　qián　お金

【補語】

☐ 写错　xiěcuò　書き間違える
☐ 吃掉　chīdiào　食べてしまう
☐ 弄脏　nòngzāng　汚す
☐ 弄坏　nònghuài　壊す
☐ 花完　huāwán　使い切る

1. わたしの名前は書き間違えられました。（　　　　　　　　　　）

2. テレビが子どもに壊されました。（　　　　　　　　　　）

3. 私のお菓子は弟に食べられました。（　　　　　　　　　　）

4. お金は彼女に全部使われてしまいました。（　　　　　　　　　　）

5. 本を彼に汚されました。（　　　　　　　　　　）

❸ 私は昨日来ました。

主語	"是"	場所・人・時・方法など	動詞	"的"。
我 (Wǒ)	是 (shì)	昨天 (zuótiān)	来 (lái)	的。(de.)

※ 動詞 を行った 場所・人・時・方法など を強調します。"是"は省略可。

▶否定文

主語 ＋"不是"＋ 場所・人・時・方法など ＋ 動詞 ＋"的"。　　※"是"は省略不可

我 不是 坐 公共汽车 来 的。
Wǒ búshì zuò gōnggòngqìchē lái de.
(私はバスに乗って来たのではありません。)

▶疑問文

主語 ＋"是"＋ 場所・人・時・方法など ＋ 動詞 ＋"的"＋"吗"？　　※"是"は省略可

你 是 坐 公共汽车 来 的 吗?
Nǐ shì zuò gōnggòngqìchē lái de ma?
(あなたはバスに乗って来たのですか。)

主語 ＋"是不是"＋ 場所・人・時・方法など ＋ 動詞 ＋"的"？　　※"是"は省略不可

你 是不是 坐 公共汽车 来 的?
Nǐ shìbushì zuò gōnggòngqìchē lái de?
(あなたはバスに乗って来たのですか。)

書いてみよう（3）

✓ 単語
- □ 起床　qǐchuáng　起きる
- □ 画　huà　描く
- □ 买　mǎi　買う
- □ 出生　chūshēng　生まれる

1. 私は八時に起きました。　　（　　　　　　　　　　）

2. あなたのお父さんが描いたのですか。　　（　　　　　　　　　　）

3. どこで買ったのですか。　　（　　　　　　　　　　）

4. 私は日本から来ました。　　（　　　　　　　　　　）

5. 彼は1988年生まれです。　　（　　　　　　　　　　）

◆ 会 话 ◆

> ① 荷物（行李）

A：你 来 了！快 坐下 吧！
B：能不能 把 行李 放在 这儿？
A：别，那边儿 湿着 呢。你 把 行李 放在 沙发上 吧。

A：Nǐ lái le! Kuài zuòxia ba!
B：Néngbunéng bǎ xíngli fàngzai zhèr?
A：Bié, nàbiānr shīzhe ne. Nǐ bǎ xíngli fàngzai shāfāshang ba.

> ② 寒い部屋（寒冷的房间）

A：这么 冷！咱们 快 进 屋 吧。
B：房间 里 也 这么 冷。你 快 把 门 关上 吧。
A：好，你 把 空调 打开 吧。

A：Zhème lěng! Zánmen kuài jìn wū ba.
B：Fángjiān li yě zhème lěng. Nǐ kuài bǎ mén guānshang ba.
A：Hǎo, nǐ bǎ kōngtiáo dǎkāi ba.

> ③ 速いね（真快）

A：今天 来 得 怎么 这么快？
B：因为 我 是 开车 来 的。
A：买 车 了？什么 时候 买 的？
B：前天 买 的。

A：Jīntiān lái de zěnme zhème kuài?
B：Yīnwèi wǒ shì kāichē lái de.
A：Mǎi chē le? Shénme shíhou mǎi de?
B：Qiántiān mǎi de.

> ④ 盗まれた（被偷走了）

A：奇怪。我 的 护照 丢 了。我 把 它 放在 这儿 了。
B：肯定 被人 偷走 了。你 快 去 大使馆 吧。

A：Qíguài. Wǒ de hùzhào diū le. Wǒ bǎ tā fàngzai zhèr le.
B：Kěndìng bèi rén tōuzǒu le. Nǐ kuài qù dàshǐguǎn ba.

第14課

まとめの練習

1 （　）に適当な中国語を入れましょう。（　）に入る漢字は一字とは限りません。

① ドアの鍵を閉めて。
　　把门锁（　　　　）。

② 昨日は雨が降ったので、私は図書館に行きませんでした。
　　（　　　　）昨天下雨了，所以我没去图书馆。

③ きっと彼女が持っていったのだ。
　　（　　　　）是她拿走的。

④ 私は飛行機で来ました。
　　我（　　　　）坐飞机来（　　　　）。

⑤ ジャガイモを千切りにします。
　　把土豆切（　　　　）丝。

2 単語を並べ替えて中国語の文を作りましょう。

① 窓を開けてください。　　　　　　　　　（窗户／把／打／开／请／。）

② 私はハンカチをきれいに洗った。　　　　（手帕／我／把／洗／了／干净／。）

③ 私は友達とお酒を飲みに行った。　　　　（朋友／是／一起／跟／我／去／的／喝／酒／。）

④ この帽子は広州で買いました。　　　　　（广州／帽子／这／是／在／买／的／顶／。）

⑤ 私は三年前から中国語を勉強しています。（汉语／是／三年前／从／学／我／的／开始／。）

著 者
石井　宏明（いしい　ひろあき）
東海大学・東洋大学非常勤講師

中国語基本文法と会話（CD付）

2012.4.25　初版発行
2013.4.1　初版2刷発行

発行者　井田洋二

発行所　〒101-0062　東京都千代田区神田駿河台3の7
電話　東京03（3291）1676　FAX 03（3291）1675
振替　00190-3-56669番
E-mail：edit@e-surugadai.com
URL：http://www.e-surugadai.com

株式会社　駿河台出版社

製版　フォレスト／印刷・製本　三友印刷

ISBN 978-4-411-03074-0 C1087　¥2300E